세계를 움직이는
여성리더 영어**연설문**

Women Leaders' Speeches: Pocket Book

세계를 움직이는 **여성리더** 영어**연설문**
Women Leaders' Speeches: Pocket Book

초판 1쇄 **인쇄**   2014년 9월 10일
초판 1쇄 **발행**   2014년 9월 20일

편역	김설아
디자인	IndigoBlue
발행인	조경아
발행처	랭귀지북스
주소	서울시 마포구 포은로 2나길 31 벨라비스타 208호
전화	02.406.0047
팩스	02.406.0042
이메일	languagebooks@hanmail.net
홈페이지	www.languagebooks.co.kr
등록번호	101-90-85278
등록일자	2008년 7월 10일
ISBN	979-11-5635-020-0 (13740)
가격	9,000원

www.languagebooks.co.kr에서 mp3 파일을 다운로드 할 수 있습니다.

세계를 움직이는
여성리더 영어연설문
Women Leaders' Speeches: Pocket Book

Language Books

머리말

오늘날, 여성들은 세계 각 분야에서 그 어느 때보다 더 많은 영향력과 더 높은 성과로 주목받고 있습니다. 그 대표적인 예로, 2014년 포브스가 선정한 '세계에서 가장 영향력 있는 여성 100인' 중 1위를 차지한 독일 최초의 여성 총리, 앙겔라 메르켈이 있습니다. 앙겔라 메르켈은 강한 추진력과 여성 특유의 포용력을 지닌 파워 리더로 정평이 나 있습니다. 2010년 10월 대선에서 승리하면서 브라질 첫 여성 대통령이 된 지우마 호세프는 포브스의 '세계에서 가장 영향력 있는 여성'에서 4위를 차지했으며 최근 조사에서는 80%에 가까운 지지율을 기록했습니다. 이렇듯 지난 몇 년간, 여성들의 리더십은 눈부신 성장을 거두었으며, 향후 더 많은 여성들이 세계를 움직일 것이라 예상할 수 있습니다.

〈세계를 움직이는 여성리더 영어연설문 포켓북〉은 이러한 주요 여성 지도자들의 연설문만을 간단히 추려 작은 책에 담았습니다. 이 책은 가볍게 들고 다니며 언제든 꺼내볼 수 있도록 영어 연설문과 해석, 주요 어휘만으로 구성되었습니다. 여성 지도자들의 연설문을 원문 그대로 읽어보고, 오른쪽 면에 제시한 해석본과도 비교해서 읽어보면 효과적일 것입니다. 더불어, 연설문에 녹아있는 여성 지도자들의 경험, 사상, 살아온 방식 등을 함께 느끼고 배우는 기회가 되길 바랍니다.

2014년 9월
김설아

이 책의 구성

Before the Speech

연설문을 이해하는데 도움이 되도록 각 연설문의 배경 지식을 첫 장에 설명하였습니다.

The Speech

연설문의 영어 원문을 왼쪽 면에 제시하고, 해석을 바로 비교하여 확인할 수 있도록 오른쪽 면에 구성하였습니다.

Vocabulary

본문에 색글자로 표시된 어휘를 우측 하단에 정리하여, 사전 없이 빠르고 쉽게 주요표현을 익힐 수 있도록 제시하였습니다.

MP3

원어민이 녹음한 MP3를 자주 듣고 따라 하다 보면 듣기와 말하기 능력을 동시에 향상시킬 수 있습니다.

차례

Hillary Rodham Clinton

Remarks at Ewha Womans University

힐러리 로댐 클린턴

이화여자대학교 연설

미 국무장관으로서 2009년 2월 19일 밤 방한한 힐러리 클린턴은 20일 오후 이화여자대학교 교단에 섰다. 힐러리는 21시간의 짧은 방한 일정 중 이화여자대학교 대강당에서 '여성의 경쟁력 강화Women's Em-powerment'라는 주제로 1시간 동안 강연을 했다. 그는 자신의 경험과 일화로 들면서 2천여 명의 학생들 앞에서 정치와 가정에 대해 연설했다.

Remarks at Ewha Womans University

Thank you so much, President Lee.

I am honored to be here at this great university.

I wish to thank also Chairperson and the more than 107,000 alumni at this great school.

Standing up with me was our Ambassador Kathy Stephens, who has told me that more than 50 graduates of Ewha Womans University work at U.S. Embassy Seoul.

We are extremely proud of the education they have received here.

It is a great privilege to stand here before you on the stage of the largest women's university in the world.

And I came to this university as a matter of destiny, because you see, Ewha and I share a connection.

I am a Methodist, my family on my father's side comes from Scranton, Pennsylvania and I must say that Wellesley College is a sister college for Ewha University.

So being an honorary fellow seems right at home today.

이화여자대학교 연설

대단히 감사합니다, 이 총장님.
명문대학인 이곳 이화여자대학교를 방문하게 된 것을 영광으로 생각합니다.
위원장님과 이 명문대학의 10만7천여 동문 여러분께도 감사드리고 싶습니다.

저와 함께 서 있던 Kathy Stephens 대사의 말에 따르면 주한미국대사관에 50명이 넘는 이화여자대학교 졸업생이 근무하고 있다고 합니다.
그들이 이곳에서 교육을 받은 것이 매우 자랑스럽습니다.
세계 최대 규모를 자랑하는 여대의 연단에서 여러분 앞에 서게 된 것은 크나큰 특권입니다.
그리고 제가 이 대학에 온 것은 일종의 운명이라 생각합니다. 보시다시피 이화여대와 저 사이에는 유대관계가 존재하기 때문입니다.
저는 감리교 신자이고 제 부친쪽 가족은 펜실베니아주 스크랜튼 출신이며 웨슬리 대학은 이화여대와 자매결연을 맺고 있습니다.
그래서인지 오늘 제가 명예이화인이 된 것이 무척 자연스러워 보입니다.

---

alumni (**alumnus**의 복수형) 동창생, 졸업생 / ambassador 대사 / embassy 대사관 /
Methodist 감리교 신자 / honorary 명예의, 명예직의

I also note that in this audience are some Korean-American friends from New York and California. There are several Wellesley graduates whom I met backstage as well and an extraordinary number of talented young women, faculty members, and administrators.

Learning about this great university and the role that you have played in advancing the status of women made me think about so many of the women throughout history who are inspirations to me: Madame Scranton, someone who started teaching one young woman, and from her dedication and hard work came this university; Eleanor Roosevelt, a pioneering First Lady of the United States and a voice for democracy around the world, and one of the driving forces behind the United Nations Declaration on Human Rights.

여기 청중 중에는 뉴욕과 캘리포니아에서 온 재미(在美) 한국인들도 있다는 사실도 알고 있습니다.
웨슬리대학 졸업생과도 연단 뒤에서 인사를 나누었으며 수많은 젊은 여성 인재와 교직원, 관리자들도 있었습니다.

여성의 지위향상을 위해 이화여대와 여러분이 수행해 온 역할을 듣게 되자 제게 영감이 되는 역사 속의 수많은 여성들이 떠올랐습니다. 한 명의 여학생을 가르치는 것으로 시작해 헌신과 노력으로 이화여대를 설립하게 된 Scranton 여사와, 선구적인 미국 영부인 출신으로 전 세계 민주주의를 위해 목소리를 냈으며 유엔 인권선언의 원동력 중 한 사람인 Eleanor Roosevelt 여사 등이 바로 그런 분들입니다.

faculty member 교직원 / inspiration 영감 / pioneering 선구적인 / driving force 원동력

Now, that was more than 50 years ago, but just a few weeks ago, one of Korea's most accomplished leaders, United Nations Secretary General Ban Ki-moon, called on all nations worldwide to push for more progress on women's equality.

And I want to thank the Secretary General because he said that women's empowerment is the key to progress in developing nations.

People who think hard about our future come to the same conclusion, that women and others on society's margins must be afforded the right to fully participate in society, not only because it is morally right, but because it is necessary to strengthen our security and prosperity.

Before I came out on stage, I met a number of young women who are in political office here in the Republic of Korea, and I hope I was looking at a future president of this great nation.

As you think about your own futures, keeping in mind security and prosperity and the role that each of us must play, is essential because of the urgent global challenges we face in the 21st century.

이제 50년도 더 지났지만, 바로 몇 주 전에는 한국이 배출한 가장 성공한 지도자라 할 수 있는 반기문 유엔 사무총장이 여성의 평등을 보다 진전시킬 것을 세계 각 나라에 촉구했습니다.

저는 개발도상국의 진보를 위해서는 여성의 권한이 중요하다고 언급한 사무총장님께 감사드리고 싶습니다.

미래에 관해 심각하게 고민하는 사람은 같은 결론에 도달하게 됩니다. 그것은 바로 여성과 사회 소외계층에게 사회에 온전히 참여할 권리를 부여해야 한다는 것입니다.

이것이 단지 도덕적으로 옳은 일이라서가 아니라 우리의 안보와 번영을 강화하기 위해 필요하기 때문입니다.

저는 연단에 오르기 전에 이곳 한국에서 공직에 있는 많은 젊은 여성들을 만났습니다. 저는 이들 중에서 위대한 한국의 대통령이 나오기를 바랍니다.

우리는 21세기의 시급한 세계적 과제에 직면해 있으므로, 여러분은 자신의 미래를 생각하는 동시에 조국의 안보와 번영, 그리고 여러분 각자가 해야 하는 역할에 대해서도 반드시 고민해야 합니다.

Secretary General 사무총장 / call on 청하다, 부탁하다 / empowerment 권한 부여 / developing nation 개발도상국 / margin (주류에 포함되지 않는) 주변부 / afford 제공하다 / prosperity 번영

We need all of our people's talents to be on the very forefront of setting a course of peace, progress, and prosperity; be it defending our nations from the threat of nuclear proliferation and terror, or resolving the global climate crisis or the current economic crisis, and promoting civil society, especially women's rights and education, healthcare, clean energy, good governance, the rule of law, and free and fair elections.

All of these matters speak to our common desire to make a nation that is safe and strong and secure.

More than half a century ago, this university became the first to prepare women for professions that were formerly reserved for men, including medicine, law, science, and journalism.

At about the same time, your government wrote women's equality into your constitution and guaranteed protections for women in employment. And there have been other rights and protections for women encoded in Korean law in subsequent decades.

우리는 평화와 진보, 번영의 방향을 잡는 데 있어, 그것이 핵확산과 테러의 위협으로부터 조국을 수호하는 일이거나, 세계 기후변화 또는 현재의 경제위기를 해결하고 시민사회, 특히 여성의 권리와 교육, 보건, 청정에너지, 양호통치, 법에 의한 지배, 자유롭고 공정한 선거 등을 조장하기 위한 일이건 간에 국민 모두의 재능을 최전선에 배치할 필요가 있습니다.
이 모든 문제들은 안전하고 굳건하며 안정적인 나라를 만들고자 하는 공통된 바람에 관한 것입니다.

반세기도 더 전에, 이화여대는 최초로 의학, 법률, 과학, 언론 등, 전에는 남성들의 전유물이었던 전문분야에서 여성 인력을 양성했습니다.
거의 같은 시기에 한국 정부는 헌법에 여성의 평등을 명시하고 고용에 있어서 여성을 보호하도록 했습니다.
이후 수십 년간 여성의 권리와 보호에 관한 법률이 제정되었습니다.

forefront 맨 앞, 선두 / set a course 코스를 정하다 / proliferation 확산 /
good governance 양호통치 / formerly 이전에 / encode 표현하다

These advances coincided with Korea's transformation from an undeveloped nation to a dynamic democracy, a global economic power, and a hub of technology and innovation.

The inclusion of women in the political and economic equation, calling on those talents and contributions from the entire population, not just the male half, was essential to the progress that this country has made.

As I have been on this first trip as Secretary of State, I have visited Japan and Indonesia, and tomorrow I will be in China.
I was very impressed by my visit to Indonesia, a young democracy that is demonstrating to the world that democracy, Islam, modernity, and women's rights can coexist.

이러한 발전은 저개발국에서 역동적인 민주주의로, 세계 경제의 강국으로, 기술과 혁신의 허브로 발돋움하는 한국의 변혁과 동시에 일어났습니다.

정치, 경제 분야에서 여성의 참여는 절반에 불과한 남성 집단만이 아닌 인구 전체에서 재능과 기여를 유도함으로써 한국이 이룬 발전의 기초가 되었습니다.

저는 국무장관으로서 첫 순방에 오르면서 일본과 인도네시아를 방문했으며 내일은 중국에 입국할 예정입니다.
저는 신생 민주주의 국가인 인도네시아를 방문하면서 깊은 인상을 받았습니다. 인도네시아는 민주주의와 이슬람 문화, 근대화와 여성의 권리가 공존할 수 있다는 것을 세상에 입증했습니다.

coincide 동시에 일어나다, 일치하다 / transformation 변화 / dynamic 역동적인 /
inclusion 포함 / equation 상황, 문제 / Secretary of State 국무장관 / modernity
근대화 / coexist 공존하다

I met elected women officials.
I met high appointed members in the foreign ministry and other cabinet positions in the government.

It would be hard to imagine the progress that Indonesia has made in the last ten years, moving from a stagnant autocracy to a burgeoning democracy, without women being part of the reason.

And on Sunday, I'll meet with women in China to hear about their efforts to improve opportunities for themselves in their own country, another reason why women have to lead the way if there's going to be higher standards of living, a healthier population, and an actively engaged citizenry.

But no country has yet achieved full equality for women.
We still have work to do, don't we?
And just a few weeks ago, President Obama signed into law a new provision protecting women from salary discrimination, a step that was overdue.

저는 선출된 여성 공직자들을 만났습니다.
외교부를 비롯한 정부 내 여러 부처에서 고위직 공직자들도 만났습니다.

여성의 역할이 없었다면, 지난 10년 간 정체된 전제정치에서 급성장하는 민주주의로 탈바꿈한 인도네시아의 진보는 상상하기 어렵습니다.

오는 일요일, 저는 중국 여성들을 만나 조국에서 여성의 기회를 향상시키기 위한 이들의 노력에 대해 들을 것입니다. 이것은 삶의 기준을 높이고 의료 상황을 개선하며 시민의 적극적인 참여를 유도하려면 여성이 선도적인 역할을 담당해야 하는 또 하나의 이유입니다.

하지만 어떤 나라도 여성의 완전한 평등을 아직 구현하지 못했습니다.
우리는 아직 할 일이 남아있습니다. 그렇지 않나요?
불과 몇 주 전에, 오바마 대통령은 임금 차별로부터 여성을 보호하는 새 법안에 서명했습니다. 늦은 감이 없지 않은 조치입니다.

foreign ministry 외교부 / cabinet (정부의) 내각 / stagnant 고여 있는, 발달이 없는 / autocracy 전체정치 / burgeoning 급성장하는 / citizenry 시민들 / salary discrimination 임금 차별 / overdue 기한이 늦은

So there is a lot ahead of us to ensure that gender equality, as President Lee mentioned, becomes a reality.

And we also need to remain vigilant against a backlash that tries to turn the clock back on women and human rights, countries where leaders are threatened by the idea of freedom and democracy and women are made the scapegoats.

The abuses of women under the Taliban are horrific reminders that just as women had been central to progress in countries like ours, the reverse can happen as well.

Some of you may have seen the news reports some weeks ago of young girls in Afghanistan who were so eager to go to school, and every day they went off with a real light in their eyes because they were finally able to learn.

And one day, a group of these young girls were assaulted by a group of Taliban men who threw acid on them because they had the desire to learn.

그러므로 이 총장님께서 언급하신 것처럼, 성 평등이 현실이 되도록 보장하기 위해서는 우리 앞에 많은 일들이 산적해 있습니다. 또한 여권과 인권을 예전으로 돌려놓으려는 반발 세력과 자유와 민주주의 이념 때문에 지도자들이 위협받고 여성들이 희생양이 되는 나라들에 대해 경계를 게을리 하지 말아야 합니다.

탈레반 치하에서 여성들이 당한 학대는 미국이나 한국처럼 여성이 국가 발전에 중추적인 역할을 해 온 나라가 있듯이, 그 반대의 상황도 벌어질 수 있다는 끔찍한 현실을 상기시킵니다.

여러분 중에도 몇 주 전, 아프가니스탄의 어린 소녀들에 관한 뉴스기사를 보신 분이 있을 것입니다. 학교에 너무 가고 싶었던 이 소녀들은 마침내 배움의 기회가 열리자 매일 눈을 반짝이며 등교했습니다.
그러던 어느 날, 배움에 대한 열정을 품었다는 이유로 한 무리의 탈레반 남성들이 이들에게 염산을 뿌리며 이 어린 소녀들을 공격했습니다.

---

vigilant 바짝 경계하는, 조금도 방심하지 않는 / backlash 반발 / turn the clock back 예전으로 돌아가다 / scapegoat 희생양 / reminder 상기시키는 것 / reverse (방금 언급한 것의) (정)반대 / eager 간절히 바라는 / assault 폭행하다, 괴롭히다

We have to remain vigilant on behalf of women's rights.
We see this kind of suppression in different forms in different places.

In Burma, the valor of Aung San Suu Kyi, who won the Nobel Peace Prize for her courageous struggle for freedom of expression and conscience.
To the North, 70 percent of those leaving North Korea in search of a better life are women, a sad commentary on the conditions in their own country.

So part of my message during this trip and part of my mission as Secretary of State is that the United States is committed to advancing the rights of women to lead more equitable, prosperous lives in safe societies.

I view this not only as a moral issue, but as a security issue.
I think that it's imperative that nations like ours stand up for the rights of women.
It is not ancillary to our progress; it is central.

우리는 여성의 권리를 위해 경계를 늦추지 말아야 합니다.
우리는 다른 장소에서 다른 형태로 이러한 유형의 억압을 볼 수 있습니다.

미얀마에는 표현과 양심의 자유를 위한 용기 있는 투쟁으로 노벨 평화상을 수상한 용감한 아웅산 수지 여사가 있습니다.
북한에서는 보다 나은 삶을 찾아 북한을 탈출하는 사람들의 70%가 여성이며, 이것은 북한의 상황을 말해 주는 슬픈 단면입니다.

그러므로 이번 순방에서 제가 전달하려는 메시지이자 국무장관으로서 제 임무 중 하나는 여성이 안전한 사회에서 좀 더 평등하고 번영한 삶을 영위할 수 있는 권리를 신장시키기 위해 미국이 전념한다는 것입니다.

저는 이것이 단지 윤리의 문제가 아니라 안보의 문제라고 생각합니다.
저는 한국이나 미국과 같은 나라가 반드시 여권을 지지해야 한다고 생각합니다.
이것은 발전에 부수적인 요소가 아니라 중심적인 요소입니다.

---

on behalf of ~를 대신해, ~를 위해 / suppression 진압, 억제 / valor 용맹 /
in search of ~을 찾아서 / commentary 여실히 나타낸 것 / committed to ~에
전념하는 / imperative 반드시 ~해야 하는 / ancillary 부수적인

In 1995, when I went to the United Nations Conference on Women in Beijing and said that women's rights were human rights, and human rights were women's rights, people were so excited.

But that to me was almost a sad commentary that we had to say something so obvious toward the end of the 20th century.

So here we are in the 21st century, and every day we make progress, but we can't be complacent.
We have to highlight the importance of inclusion for women.
We have to make clear that no democracy can exist without women's full participation; no economy can be truly a free market without women involved.

I want to use robust diplomacy and development to strengthen our partnerships with other governments and create collaborative networks of people and nongovernmental organizations to find innovative solutions to global problems – what we call smart power.

1995년, 저는 베이징에서 있었던 유엔 여성회의에 참석하여 여성의 권리가 곧 인권이며 인권이 곧 여성의 권리라고 말한 적이 있습니다. 사람들은 그 말에 매우 열광했습니다.

하지만 그러한 반응은 20세기 말이 다가온 시점에서 그토록 당연한 것을 말로 해야 한다는 점에서 안타깝기 그지없는 현실이었습니다.

이곳에서 우리는 21세기를 살고 있으며 매일 진전을 이룩하고 있습니다. 하지만 우리는 여기서 안주할 수 없습니다.
우리는 여성 참여의 중요성을 강조해야 합니다.
우리는 여성의 완전한 참여 없이는 민주주의란 존재할 수 없으며 여성이 포함되지 않은 진정한 자유 시장경제란 있을 수 없다는 것을 분명히 해야 합니다.

저는 탄탄한 외교와 개발을 활용해 다른 정부와의 파트너십을 강화하고, 국민과 비정부 기구들의 협력적인 네트워크를 구축함으로써 글로벌 문제들에 대한 혁신적인 해결책을 찾고자 합니다. 이것이 우리가 스마트 파워라 부르는 것입니다.

complacent 현실에 안주하는 / make clear 분명히 하다 / robust 강력한, 탄탄한

Today, I've come to this great women's university to hear your thoughts about the future.

The other night in Tokyo, I had the privilege to listen to students at Tokyo University, and I came away not only impressed by their intelligence and the quality of their questions, but encouraged by their concern about the future that lay ahead and what each of them wanted to do to make it better.

Today, I've held bilateral meetings with your president, your prime minister, and your foreign minister.

We have discussed issues like the need to continue the Six-Party Talks to bring about the complete and verifiable denuclearization in North Korea, and how we can better coordinate not only between ourselves, but regionally and globally, on the range of issues that confront us.
But in each meeting, we took time to reflect about how far this country has come.

오늘 저는 미래에 대한 여러분의 생각을 듣기 위해 이곳 이화여대를 찾았습니다.

얼마 전 저녁 도쿄에서 도쿄대학 학생들의 이야기를 들을 기회가 있었습니다. 저는 도쿄대학을 나오면서 학생들의 지성과 질문 수준에 감명 받았을 뿐만 아니라, 앞에 놓여있는 미래에 대한 그들의 걱정과 그들 각자가 더 나은 미래를 위해 하고자 하는 목표를 듣고 고무되었습니다.

오늘, 저는 한국의 대통령, 국무총리, 외무장관과 양자회담을 가졌습니다.

우리는 북한의 완전하고 검증 가능한 비핵화를 가져오기 위한 6자회담 재개의 필요성과 우리가 당면한 광범위한 문제들에 대해 양국뿐 아니라 지역 및 세계적으로 의견을 조율할 방법에 대해 논의했습니다.
하지만 모든 회담에서 우리는 한국의 발전상에 대해 되돌아보는 시간을 가졌습니다.

bilateral meeting 양자회담 / prime minister 국무총리 / six-party talks 6자회담 /
verifiable 검증할 수 있는 / denuclearization 비핵화 / coordinate 조정하다

Back in the early 1960s, there were a series of studies done where different groups were looking at nations around the world, trying to calculate which ones would be successful at the end of the 20th century.

And many commentators and analysts thought that the chances for the Republic of Korea were limited.

But that wasn't the opinion of the people of Korea. And so for 50 years, you have built a nation that is now assuming a place of leadership in the world, respected for the vibrant democracy, for the advances across the board in every walk of life. And it is a tribute to your understanding of what it takes to make progress at a time of peril and uncertainty.

The relationship between the United States and Korea is deep and enduring, and it is indispensible to our shared security.

Without security, children can't even imagine their futures and may not have the potential to actually live up to their talents.

1960년대 초, 여러 기관에서 세계 나라들을 살펴보고 20세기 말에 성공할 국가를 예측해 보는 일련의 연구가 시행되었습니다. 많은 해설가와 분석가들이 당시 한국의 성공 가능성을 낮게 평가했습니다.

하지만 한국 국민의 생각은 그렇지 않았습니다.
그리하여 지난 50년 동안 여러분은 오늘날 세계에서 리더십으로 인정받으며, 생동하는 민주주의와 각계각층의 발전으로 존경받는 나라를 건설했습니다.
이것은 여러분이 위험하고 불확실한 시대에 진보를 위한 조건을 이해한 결과입니다.

한미관계는 깊고 지속적이며, 양국의 공동 안보에 꼭 필요한 것입니다.
안보가 보장되지 않는 상황에서 아이들은 자신의 미래를 상상조차 할 수 없고, 자신의 재능을 실제로 이행할 잠재력을 펼칠 수도 없습니다.

---

commentator 해설가 / assume 가정하다 / vibrant 생동하는 / walk of life 신급, 계급, 지위 / be a tribute to ~의 소산이다 / what it takes (성공 따위를 얻는 데 필요한) 조건(아름다움·매력·재능·재력 따위) / peril (심각한) 위험 / enduring 지속되는 / indispensible 꼭 필요한 / live up to (기대 등)에 부응하다. (이상 등)을 실행하다

Our two countries have joined together as a force for peace, prosperity, and progress.
Korean and American soldiers have served shoulder-to-shoulder in so many places around the world.

We know that the most acute challenge to stability and security in Northeast Asia is the regime in North Korea, and particularly its nuclear program.

It bears repeating that President Obama and I are committed to working through the Six-Party Talks. We believe we have an opportunity to move those forward and that it is incumbent upon North Korea to avoid provocative actions and unhelpful rhetoric toward the people and the leaders of the Republic of Korea.
Remember that the North Korean Government committed to abandoning all nuclear weapons and returning at an early date to the Treaty of Nonproliferation of Nuclear Weapons.

한미 두 나라는 평화와 번영, 진보를 위한 세력으로서 힘을 합쳤습니다.
한미 양국의 장병은 세계 많은 곳에서 어깨를 맞대고 근무하고 있습니다.

동북아시아의 안정 및 보안을 위한 가장 중대한 과제는 북한 정권, 특히 북한의 핵 프로그램이라는 것을 알고 있습니다.

오바마 대통령과 저는 6자회담을 통해 문제를 해결하는 데 전념할 것이라는 사실을 다시 한 번 강조 드립니다.
우리는 6자회담을 추진할 기회가 있으며 북한은 대한민국 국민과 지도자들에 대한 도발행위와 무익한 언동을 중단해야 한다고 믿습니다.
북한 정부가 모든 핵무기를 포기하고 핵무기 확산방지 조약에 조속히 복귀하기로 약속했다는 것을 기억하십시오.

---

acute 중대한 / regime 정권 / bear ~할 가치가 있다 / move forward 추진하다 /
incumbent ~의 책무인 / provocative 도발적인 / rhetoric 과장된[가식의] 말 /
commit to ~을 약속하다 / abandon 포기하다 / at an early date 시일 내에 /
Treaty of Nonproliferation of Nuclear Weapons 핵무기 확산방지 조약

And I make the offer again right here in Seoul: If North Korea is genuinely prepared to completely and verifiably eliminate their nuclear weapons program, the Obama Administration will be willing to normalize bilateral relations, replace the peninsula's longstanding armistice agreement with a permanent peace treaty, and assist in meeting the energy and other economic and humanitarian needs of the Korean people.

Also essential to our shared security and prosperity is a resolution to the global economic crisis. Korea and the United States have both benefited from a strong economic relationship, and your leaders and I today discussed ways we can develop that relationship further.

We are going to work on a vision of a much more comprehensive strategic relationship. We want more partnerships to bring not just government leaders together, but business and professional and academic and political and people-to-people.

또한 저는 이곳 서울에서 다시 한 번 제의합니다. 만약 북한이 진정으로 완전하고 확인 가능한 방식으로 자국 내 핵무기 프로그램을 중단할 준비가 되어 있다면, 오바마 정부는 양국 관계를 정상화하고, 오랜 한반도 휴전협정을 영구적인 평화조약으로 대체하며, 에너지 지원을 비롯하여 북한 주민들이 필요로 하는 기타 경제적·인도적 지원을 제공할 의사가 있습니다.

또한 양국의 공동 안보와 번영을 위해 반드시 필요한 것은 세계 경제 위기를 해결하는 것입니다.
한미 양국은 강한 경제 협력을 통해 이익을 구가해왔으며, 한국 지도자들과 저는 오늘 이러한 관계를 더욱 발전시킬 수 있는 방안을 논의했습니다.

양국은 훨씬 더 포괄적인 전략 관계를 수립하기 위한 비전에 공을 들일 것입니다.
양국은 정부 지도자 차원에서뿐만 아니라, 기업과 전문직, 학계와 정치권, 인적 교류 분야에서도 파트너십이 확대되기를 원합니다.

genuinely 진정으로 / be willing to 기꺼이 ~하다 / normalize 정상화하다 /
bilateral 쌍방의 / peninsula 반도 / longstanding 오래된, 다년간의 /
armistice agreement 휴전협정 / humanitarian 인도주의적 / resolution 해결 /
comprehensive 포괄적인

We want to work with Korea so that both of us will be leaders in getting at the root causes of global climate change and vigorously pursuing a clean energy agenda.

And I applaud your country for being a global leader in this area, and for calling on the ingenuity and skills of the Korean people to promote green technologies that will create jobs and protect our planet and enhance our security.

Students here at Ewha have a long and proud tradition of engagement with the world.
And you have the talent and the training to help shape that world.
It may not be always obvious what you can do to make a difference, so do what you love.
Do what gives you meaning.
Do what makes life purposeful for you.
And make a contribution.

I don't know that Mary Scranton, who founded this university teaching one student in her home, could have ever dreamed of where we would be today.

미국은 세계 기후변화의 근본원인을 이해하고 청정에너지 의제를 적극적으로 추구하는 데 있어서도 양국이 선두주자가 될 수 있도록 한국과 협력하고자 합니다.

아울러 이 분야에서 세계를 선도하는 동시에, 직업을 창출하고 지구를 보호하며 안보를 강화하는 녹색 기술을 촉진하기 위해 한국민의 독창성과 기술을 요청한 한국 정부에 박수갈채를 보냅니다.

이곳 이화여대 학생들은 세계로 진출하는 자랑스러운 전통을 오랫동안 이어오고 있습니다.
또한 여러분은 세계를 변화시키는 데 일조할 수 있는 재능을 가지고 교육을 받았습니다.
변화를 이루기 위해 여러분이 무엇을 할 수 있을 지 확실하지 않을 때도 있을 것입니다. 그러니 여러분이 좋아하는 일에 매진하십시오.
여러분에게 의미를 부여하는 일에 매진하십시오.
여러분의 삶에 목적을 제시하는 일에 매진하십시오.
그리고 기여하십시오.

저는 자신의 집에서 여학생 한 명을 가르치기 시작하면서 이화여대를 설립한 Mary Scranton 여사가 지금의 우리 모습을 상상할 수 있었으리라 생각지 않습니다.

---

get at ~에 도달하다. ~을 알게 되다 / root cause 근본 원인 / vigorously 힘차게 / agenda 의제 / applaud 박수갈채를 보내다 / ingenuity 독창성 / engagement 참여 / purposeful 목적 있는

But that's often the way life is.
I never could have dreamed that I could be here as
the Secretary of State of the United States either.

You have to be willing to prepare yourselves and as
you are doing to take advantage of the opportunities
that arise, to find cooperative ways to work with
others to promote the common good, and then
follow your dreams.

You may not end up exactly where you started out
heading toward, but with your education and with
the opportunities now available in your country,
there is so much that you can do.

And I know that you will be well-equipped to make
your contribution that will contribute to the peace
and prosperity and progress and security, not only
of Korea, but of the region and the world that needs
and is waiting for your talents.

Thank you all and God bless you.

(20 February 2009)

하지만 삶이라는 것이 종종 그렇습니다.
저 역시 제가 미 국무장관으로서 이곳에 있으리라고는 상상조차
하지 못했습니다.

여러분은 기꺼이 스스로를 준비하고, 자신에게 다가오는 기회를
활용하는 과정에서 공공의 선을 증진하기 위해 다른 사람과 협력
할 방법을 모색해야 하며, 이어 자신의 꿈을 좋아야 합니다.

자신이 처음 목표한 곳에 정확하게 도달하지 못할 수도 있습니다.
하지만 지금 한국에서 여러분에게 주어진 교육과 기회를 이용한다
면, 여러분이 할 수 있는 일은 무궁무진합니다.

또한 저는 여러분이 한국뿐 아니라 여러분의 재능을 필요로 하며
기다리고 있는 지역과 세계에서 평화와 번영, 발전과 안보에 기여
할 만반의 준비를 갖췄다는 것을 알고 있습니다.

감사합니다. 여러분에게 신의 축복이 있기를.

2009년 2월 20일

take advantage of ~을 이용하다. ~을 기회로 활용하다 / cooperative 협조하는 /
good 선(善) / end up 결국 ~하게 되다 / start out 시작하다 / head toward 향하다 /
well-equipped 잘 갖추어진, 준비가 잘 된

Angela Dorothea Merkel

The OECD Conference

앙겔라 메르켈

OECD 회의 연설

OECD 지도자 프로그램Leaders' Programme의 일환으로 OECD를 방문한 독일 총리 앙겔라 메르켈은 앙헬 구리아 사무총장과 양자회담을 갖고 독일정부와 OECD 간의 협력에 대해 논의했다. 또한 기조연설을 통해 국제협력에 대한 비전과 더욱 강하고 공정한 세계 경제를 구축하기 위한 독일의 역할에 대해 이야기했다. 앙헬 구리아 사무총장은 소개말에서 '그녀의 효과적이고 결단력 있는 리더십이 크게 인정받고 있다'며 칭찬했다.

Speech to the OECD Conference

Mr. Gurría, Ángel, Excellencies, Ladies and
gentlemen,
I promised Ángel Gurría a long time ago that I
would visit the OECD.
Today, I am fulfilling that promise.

The OECD has been an important player in
international economic policy for over 50 years.
I think that we, Germany, have also done our part
in helping the OECD, alongside other international
organisations, to play an important role in the new
formats for cooperation in the world.

In recent years the OECD has successfully managed
to shake off its image as an elite organisation for
developed, industrialised countries simply through
its involvement in G20 meetings and through
the fact that new Member States have joined the
Organisation.
There are now 34 Member States.
Accession negotiations are under way with Russia,
and the OECD has begun an accession process with
Colombia.

OECD 회의 연설

Ángel Gurría 사무총장님, 각하 여러분, 신사 숙녀 여러분,
저는 오래 전, Ángel Gurría 사무총장님께 OECD를 방문하겠노
라 약속했습니다.
그런데 오늘, 그 약속을 지키게 되었습니다.

OECD는 국제 경제 정책에 있어 50년 넘게 중요한 역할을 담당
해 왔습니다.
저희 독일 역시 다른 국제기구들과 더불어, OECD가 세계 협력을
위한 새로운 장을 여는 중요한 역할을 하는 데 조력해 왔다고 생
각합니다.

최근 몇 년 간, OECD는 G20 회의에 참석한 것과 새 회원국들이
OECD에 가입했다는 사실만으로, 선진 산업화 국가들에게 엘리트
기구라는 이미지를 성공적으로 떨쳐냈습니다.
OECD에는 이제 34개의 회원국들이 있습니다.
러시아와의 가입협상이 진행 중이며 콜롬비아의 가입 절차가 시
작되었습니다.

shake off 물리치다, 벗어나다 / accession 가입 / under way 이미 시작된, 진행 중인

Your own country, Mexico, as an emerging
economy, has been a member for 20 years.

The OECD has acquired a high reputation as an
uncompromising but important advisor when it
comes to drawing comparisons, compiling statistics
and issuing recommendations.
Criticism from the OECD is perceived as being
relatively harsh in Germany.
For example, the initial results of the PISA studies
were not exactly flattering for us.
But having to acknowledge that we were not
as good as we thought we were in a field that
comprises the core of our self-esteem, in education,
really inspired change in Germany.

Over the years, we have been able to see a steady
improvement in our performance in the PISA
studies.
They have therefore become a truly important tool
for us.

The issues here are structural reforms and coherent
global economic growth.

사무총장님의 조국인 멕시코는 신흥경제국으로서 20년 동안 회원 자리를 지켜왔습니다.

OECD는 통계를 비교, 작성하고 권고사항을 발표하는 것과 관련해 단호하면서도 중요한 자문기관으로서 높은 명성을 얻었습니다. OECD는 독일에 대해 상대적으로 냉혹하게 비난하는 것 같습니다.
예를 들어, PISA 연구의 첫 결과는 우리에게는 썩 달갑지 않은 것이었습니다.
하지만 우리 자부심의 근간을 이루는 교육 분야에서 우리가 생각했던 것만큼 우수하지 못하다는 인식의 필요성은 진실로 독일의 변화를 고무했습니다.

몇 년 동안 PISA 연구에서 독일의 성과는 꾸준히 향상되었습니다. 그러므로 PISA 연구는 우리에게 정말 중요한 수단이 되었다고 할 수 있습니다.

이 자리에서 말씀드릴 쟁점은 구조적 개혁과 일관성 있는 세계 경제 성장입니다.

uncompromising 타협하지 않는, 단호한 / flattering 기쁘게 하는 / coherent 일관성 있는

That is why the global organisations played such an important role as advisors during the crises of recent years and continue to do so today.

From the standpoint of an EU Member State we have basically weathered two major crises since 2007: first the international financial crisis, followed by the euro or sovereign debt crisis, from which we have not yet fully emerged.

With the Heiligendamm Process we sought to find a way out of a situation in which the G8 could no longer be the only format.
At the time we spent endless hours discussing whether it should be G13 or G15.

Then suddenly the financial crisis hit, and soon after we had the G20. Since then, everything has gone quiet on the subject.
For in my opinion it has become a very interesting format which, in cooperation with regional economic organisations, provides us with a broad picture of the global economic system.

최근의 위기 가운데 세계 기구들이 자문기관으로 그토록 중요한 역할을 했으며, 지금도 그 역할을 담당하고 있는 것도 바로 이 때 문입니다.

EU 회원국의 관점에서 우리는 기본적으로 2007년 이후, 두 가지 주요한 위기를 극복했습니다. 그 첫 번째가 국제금융위기입니다. 이것은 유로나 국가부채 위기로 이어졌으며, 우리는 아직 이 위기 에서 완전히 벗어나지 못했습니다.

하일리겐담 프로세스를 통해 우리는 더 이상 G8이 유일한 체제가 될 수 없는 상황을 타개할 방법을 모색했습니다.
그 당시 우리는 G13과 G15의 선택을 두고 수많은 시간을 논의했 습니다.

그러던 중 갑자기 금융위기가 닥쳤고, 곧 우리는 G20을 갖추게 되었습니다. 이후 이 문제와 관련해 모든 일이 잠잠해 졌습니다. 지역 경제 기구들의 협력으로 G20은 우리에게 세계경제체제의 대 한 광범위한 상황을 제시하는 매우 흥미로운 체제가 되었다고 생 각합니다.

---

standpoint 견지, 관점 / weather 극복하다 / sovereign debt 국가 부채

I would still like to think that the lesson we have learned from the financial crisis could inspire us to formulate a charter for sustainable growth – and I would like to thank the OECD for its support for this idea.

It would doubtless have to be constructed piecemeal, chapter by chapter.
But one example which shows that we are really making practical progress is the issue of corporate taxation.

The question of fairness is at stake.
Many people wonder how it is possible for companies not to pay any taxes in the countries where they create their value.

The subject of base erosion and profit shifting is now being addressed.
The OECD's role in defining standards in this area should not be underestimated.

저는 금융위기를 통해 우리가 배운 교훈이 지속 가능한 성장을 위한 헌장을 만들도록 우리를 고무시킬 수 있었다고 생각하고 싶습니다. 또한 저는 이 의견을 지지해주신 OECD에 감사드립니다.

이 헌장은 한 장, 한 장씩 단계적으로 구성되어야 합니다.
하지만 우리가 실질적인 진보를 이루고 있음을 보여준 한 가지 예가 바로 법인세과세입니다.

여기서 공정성 문제가 위기에 처해 있습니다.
기업들이 가치를 창출하는 나라에서 세금을 내지 않는 것이 어떻게 가능한지 많은 사람들이 의아해 합니다.

현재 세원잠식 및 소득이전이라는 사안이 논의 중에 있습니다.
이 영역에서 표준을 확립해야 하는 OECD의 역할이 과소평가되어서는 안 됩니다.

formulate 만들어 내다 / charter 헌장 / piecemeal 조금씩 하는, 단편적인 / corporate taxation 법인세과세 / at stake 위기에 처한 / base erosion and profit shifting 세원잠식 및 소득이전(다국적 기업 등이 자국과 외국의 조세규정이 다른 점을 악용해 세금을 편법으로 내지 않는 행위)

The next step, I believe, must be to implement such standards really quickly, not only within the context of the G20 but maybe also in countries like Switzerland – I was talking to the President of the Swiss Confederation about this only yesterday – so that we can increase the transfer of information and make the tax system fairer.

In highly industrialised countries we, too, are concerned with the question of what globalisation means for us.
Globalisation makes some people fearful.
However, I believe that if we can embrace it with openness and curiosity, mindful of the world's diversity, we can shape globalisation in a positive way.

Yet we still have a lot to learn in this area.
What the experience of our German economic system, the social market economy, has taught us is that markets need to operate according to certain rules.

In the context of globalisation, effective rules can only be agreed on an international scale.

다음 단계는 G20 내에서뿐만 아니라 스위스와 같은 국가들에서도 이러한 표준을 신속하게 이행하는 것이어야 한다고 생각합니다. 저는 스위스연방 대통령과 바로 어제 이에 대해 이야기했습니다. 이러한 단계를 통해 우리는 정보 전달을 향상시키고 조세제도를 더욱 공정하게 만들 수 있습니다.

고도로 산업화된 국가에서는 세계화가 우리에게 주는 의미에 관심이 많습니다.
세계화는 일부 사람들을 두렵게 합니다.
하지만 세계의 다양성을 염두에 두고 솔직함과 호기심으로 포용할 수 있다면, 긍정적인 방식으로 세계화를 형성할 수 있다고 믿습니다.

하지만 이 분야에서 우리는 여전히 배워야 할 것이 많습니다.
독일의 경제체제인 사회적 시장경제가 우리에게 가르쳐 준 것이 있다면 그것은 바로 시장은 특정 규칙에 따라 운용되어야 한다는 것입니다.

세계화의 맥락에서, 효과적인 규칙이란 국제적인 척도에서만이 합의될 수 있습니다.

mindful of ~을 염두에 둔

That doesn't mean applying the same yardstick everywhere, but steps must be taken to prevent the formation of oligopolies which shape the economy in such a way that it rules the people.
I think it goes without saying that people all over the world believe that the economy should serve the people.

That is the core issue which concerns us greatly when it comes to regulating financial markets.
With the G20 we have introduced a process which drives many of these regulations forward.
In this area, too, the OECD needs to exert further pressure.

Ladies and gentlemen, we Europeans have a contribution to make if we want to continue to enjoy prosperity in the future.
The question of competitiveness plays a central role here.
Everything that the OECD urges us to observe, whether these recommendations are country-specific or apply to the eurozone as a whole, not only shows us where our strengths lie but also identifies our weaknesses.

이것은 모든 곳에 동일한 기준을 적용한다는 의미가 아닙니다. 하지만 사람을 지배하는 것과 같은 방식으로 경제를 형성하는 소수 독점이 형성되는 것을 막기 위해 조치를 취해야 합니다.

경제가 사람을 섬겨야 한다는 것이 전 세계 모든 사람들의 공통된 생각이라는 것은 두말할 것도 없는 사실입니다.

금융시장을 규제하는 것과 관련해 우리가 크게 우려하는 핵심 쟁점이 바로 이것입니다.

G20과 더불어 우리는 이러한 많은 규제들을 추진하는 프로세스를 도입했습니다.

이 부분에서도 역시 OECD가 더 많은 압력을 가해야 합니다.

신사, 숙녀 여러분, 우리 유럽인들이 미래에 계속 번영을 누리고자 한다면 기여할 일이 있습니다.

여기서 경쟁력의 문제가 핵심 역할을 담당합니다.

OECD가 우리에게 준수하도록 촉구하는 모든 일들은 그것이 특정 국가에 한정된 것이든, 유로존 전체에 해당하는 것이든, 우리의 강점이 무엇인지를 보여줄 뿐만 아니라 우리의 약점도 규명해 줍니다.

---

apply a yardstick to ~에 기준을 대다 / oligopoly 소수 독점, 과점 / exert 가하다, 추진하다

We in the European Union make up seven percent of the world's population.

That is certainly not very much, and the trend is downwards.

We still generate around 25 percent of global economic output, which is good considering we comprise only seven percent of the population.

But we also account for nearly 50 percent of global social expenditure.

That shows the magnitude of the challenge facing us.

That is why innovation capacity and competitiveness are key issues for Europe.

In the euro area in particular we must be careful to ensure that as well as achieving fiscal soundness we manage to harmonise our economic power, and I use the word "power" advisedly.

I don't mean that all the eurozone economies should be the same.

That would be wrong.

We have quite different strengths and weaknesses.

But we must address the issue of competitiveness in a consistent manner.

유럽연합에 속한 우리는 세계 인구의 7%를 이루고 있습니다.

이것은 분명 그리 큰 수치는 아니며, 점점 더 하락하는 추세입니다.

우리는 여전히 세계 경제 산출량의 약 25%를 생산하고 있으며, 우리가 인구의 단 7%만을 차지한다는 점을 고려할 때 이 수치는 훌륭한 것입니다.

하지만 우리는 세계 사회복지지출의 거의 50%를 차지하기도 합니다.

이 수치는 우리에게 닥친 커다란 도전 과제를 나타냅니다.

그렇기에 혁신 능력과 경쟁력이 유럽의 핵심 쟁점이 되는 것입니다.

특히 유럽 지역에서는 경제력에 조화를 이룰 수 있는 재정건전성을 달성하는 것에도 신경 써야 합니다. 저는 이 말을 심사숙고해서 선택했습니다.

유로존의 경제가 모두 동일해야 한다는 뜻이 아닙니다.

그것은 잘못된 것입니다.

우리에게는 상당히 다른 강점과 약점이 있습니다.

하지만 일관된 방식으로 경쟁력 문제를 논의해야 합니다.

considering ~을 고려하면 / account for 차지하다

We cannot have a situation, for example, where some in the eurozone spend less than one percent on research and development and others more than three percent.

That will lead in the long term to great economic imbalances which a currency system on its own cannot withstand.

That is why I am grateful to the OECD for placing a special emphasis on competitiveness and on the question of how we proceed.

Within the eurozone I would like to see us conclude binding agreements with the Commission on economic issues which would oblige us to make certain improvements.

Let me now turn to Germany.

We are Europe's largest economy and as such we bear a great responsibility.

There are some good things going for Germany, which we are proud of and pleased about.

But we must not close our eyes to the fact that of course we too need to make improvements in some areas.

예를 들어, 유로존에서 연구 개발에 1% 이하를 소비하는 국가가 있는 반면, 다른 국가들은 3% 이상을 소비하는 상황은 있을 수 없습니다.

이러한 상황은 결국 자국의 통화체계가 견뎌낼 수 없는 커다란 경제 불균형을 이끌 것입니다.

그렇기에 저는 OECD가 경쟁력과 우리가 나아가야 할 방법에 대해 특히 강조한 점에 감사드립니다.

유로존 안에서, 분명한 향상을 이루어야 하는 경제 문제에 대해 위원회와 우리가 법적 구속력이 있는 합의에 도달했으면 합니다.

이제 독일에 대해 이야기하겠습니다.

독일은 유럽 경제 중 가장 크며, 그렇기에 커다란 책임을 안고 있습니다.

독일에는 우리가 자랑스러워하고 기뻐하는 몇 가지 강점이 있습니다.

하지만 우리 역시 일부 분야에서는 향상을 이루어야 한다는 사실에 눈을 감아서는 안 됩니다.

binding 법적 구속력이 있는

Before Germany joined the single currency, the value of the Deutschmark was relatively high. The introduction of the euro required us to take steps to adapt.
Basically, we had to carry out structural reforms earlier than others did.
In Germany, interest rates on government bonds did not fall with the introduction of the euro but remained virtually the same.
In other countries, interest rates fell sharply. That created a situation in which those countries apparently had more scope for consumption.

After the major financial crisis it was really a stroke of luck that Germany was relatively well-prepared in structural terms to play a leading role in overcoming this crisis.

However, that does not mean that in a few years' time we may not find ourselves back in a situation where we will again be obliged to do more about structural factors because other countries are implementing far-reaching structural reforms now.

독일이 단일 통화에 가입하기 전, 마르크의 가치는 비교적 높았습니다.

유로화의 도입으로 적응할 단계가 필요해졌습니다.

기본적으로 독일은 다른 국가보다 일찍 구조 개혁을 시행해야 했습니다.

독일에서는 국채에 유로를 사용했을 때 이자율이 떨어지지 않았으며, 사실상 동일하게 유지되었습니다.

다른 국가에서는 이자율이 크게 떨어졌는데도 말입니다.

이로 인해 다른 국가들이 소비할 기회를 더 많이 갖게 되는 상황이 만들어졌습니다.

심각한 경제 위기 이후, 이 위기를 극복하는 데 있어 독일이 주역을 맡기 위한 구조적인 준비가 상대적으로 잘 되어 있었던 것은 정말 행운이었습니다.

그렇다해도 몇 년 후에 구조적 요소들을 위해 더 많은 것들을 다시 해야 하는 상황이 반복되지 않으리라는 법은 없습니다. 다른 국가들이 현재 지대한 영향을 미칠 구조적 개혁을 시행하고 있기 때문입니다.

Deutschmark 마르크(독일의 이전 화폐 단위. 2002년에 유로화로 대체됨) / scope 기회, 여지 / a stroke of luck 뜻밖의 행운, 요행수 / far-reaching 지대한 영향을 미칠

If we look at unit wage costs, we can see a convergence between many eurozone countries. We can also see that one day we may again reach the point where unit wage costs in Germany are much too high in comparison with other European countries, though we have not yet reached that point.

On the plus side I would note that we devote around three percent of our GDP to research and development.
Another plus point for Germany is that in 2015, for the first time in decades, we intend not to contract any more new federal debt.
This is prompted in part by demographic change.

Germany's debt currently runs at around 80 percent. We want to bring that back down to around 70 percent by 2020.
In view of the demographic challenges facing us, we must ensure that we significantly reduce our total debt.

단위임금비용만 보아도 많은 유로존 국가들 사이에서 수렴 현상을 볼 수 있습니다.
또한 아직은 아니지만, 독일의 단위임금비용이 다른 유럽 국가들과 비교해 다시 너무 높은 수준에 도달할 수 있다는 것을 알 수 있습니다.

긍정적인 측면에서는 독일이 GDP의 3% 정도를 연구 개발에 투자하고 있다는 점을 말씀드리겠습니다.
독일의 또 다른 강점은 수십 년 만에 처음으로 2015년까지 더 이상의 연방 부채를 늘리지 않으려 하고 있다는 것입니다.
이것은 부분적으로는 인구 변화에 의해 촉진될 수 있습니다.

현재 독일의 부채는 약 80%에 달합니다.
우리는 2020년까지 이 부채를 약 70%로 낮추고자 합니다.
우리에게 닥친 인구학적 과제라는 측면에서 우리는 총 부채를 크게 감소시켜야 합니다.

convergence 집중성, 수렴 현상 / run at 수량이 ~이다

For the time being our labour market situation is relatively sound.
Nonetheless, long-term unemployment is stubborn.
Yet we have to try to help young people particularly find a way out of long-term unemployment.

We are still spending more than ten percent of our entire federal budget on benefits for the long-term unemployed.
If we could cut a third off the 30 billion euros and more that we spend on long-term unemployment each year, we would have 10 billion euros more for future-oriented investments, for example in transport infrastructure.

We have weaknesses, which I want to state quite clearly here.

One is that where transport infrastructure is concerned we are living on borrowed time.
We also have our hands full with the tasks of driving forward digital technology and building modern broadband infrastructure.
We must focus on these challenges.

당분간 독일의 노동 시장은 상대적으로 양호한 상태일 것입니다.
그럼에도 불구하고 장기적인 실업은 고질적인 문제입니다.
우리는 젊은이들이 특히 장기적인 실업에서 벗어날 방도를 찾을 수 있도록 도와야 합니다.

독일은 장기적 실업자들의 수당을 위해 여전히 전체 예산의 10% 이상을 소비하고 있습니다.
우리가 매년 장기 실업에 소비하는 300억 이상의 유로 중 1/3을 삭감할 수 있다면 교통시설과 같은 미래지향적인 투자 자금을 100억 이상 가질 수 있습니다.

독일이 가진 약점에 대해서도 이 자리에서 분명하게 말씀드리고 싶습니다.

한 가지는 교통 시설이 너무 오래되었다는 점입니다.
또한 독일은 디지털 기술을 촉진하고 현대적인 광대역 기반시설을 구축하는 과업들로 매우 바쁩니다.
우리는 이런 과제들에 집중해야 합니다.

for the time being 당분간 / where ~ be concerned ~에 관한 일이라면 / be living on borrowed time 뜻밖에[예상 보다] 오래 살다

In addition, we keep hearing the recurring criticism that we are too insular when it comes to services. This is another issue we have to get to grips with, though it is very difficult, I can tell you, to take privileges away from particular interest groups.

But the greatest challenge facing Germany concerns energy policy.
Here too, with the new government, the grand coalition, we have a Herculean task before us.

The point is that a considerable proportion of power generated – nearly a quarter of the total – already comes from renewable energy sources.
Renewable energies are no longer a niche but are central to energy policy.

They already basically account for the highest proportion of power generation, although the availability of that power varies considerably over time.
That raises entirely new questions which we have to address.

그와 더불어, 서비스가 너무 편협하다는 되풀이되는 비난에 계속 귀를 기울여야 합니다.

이것은 우리가 대처해야 하는 또 다른 쟁점입니다. 하지만 특정 이익집단에서 특권을 빼앗는 것은 매우 어려운 일입니다.

그러나 무엇보다 독일에 닥친 가장 큰 과제는 에너지 정책에 관한 것입니다.

여기서도 역시 새 정부인 대연정과 더불어 우리 앞에는 엄청나게 힘든 일이 놓여 있습니다.

핵심은 총 전력의 거의 1/4에 달하는 상당량의 전력이 이미 재생 가능한 에너지원에서 비롯된다는 것입니다.

재생 가능 에너지는 더 이상 에너지 정책에 있어 틈새가 아닌 중심이 되는 것입니다.

시간이 갈수록 그 전력의 가용성은 상당히 다양해지고 있습니다만, 재생 가능 에너지는 이미 기본적으로 발전(發電)의 가장 많은 부분을 차지하고 있습니다.

이러한 현상은 우리가 논의해야 하는 완전히 새로운 문제를 야기합니다.

insular 배타적인, 편협한 / get to grips with ~을 이해하기[대처하기] 시작하다 /
coalition 연합 / Herculean 엄청나게 힘든 / renewable 재생 가능한

We have now reached an agreement with France to take a joint look at so-called capacity markets, i.e. to work towards a common energy market along the lines of the single European market.

In Germany, we have the problem that a very large number of people now benefit from financial support for renewable energies.
When in a democracy more than half the people benefit from a subsidy, it is no easy matter to do away with the subsidy by democratic means.

It takes a great deal of reasoning and considerable powers of persuasion.
That is why I believe that as the grand coalition we have a real opportunity here.
We have a problem with the Commission which we have to talk about.

The competitiveness of energy-intensive industries is at stake.
Gas prices in the United States – and you know this better than I – are currently half or a third the level of gas prices in Europe.

독일은 프랑스와 소위 용량시장이라는 것을 함께 검토하는 것에 대해 합의에 이르렀습니다. 즉 단일 유럽 시장과 같은 공통 에너지 시장을 향해 노력하는 것입니다.

독일의 경우, 현재 많은 국민들이 재생 가능 에너지에 대한 재정적 원조로 혜택을 받고 있다는 문제가 있습니다.
민주국가에서 국민의 절반 이상이 보조금의 혜택을 받는 경우, 민주적인 수단을 통해 이 보조금을 없애는 것은 결코 쉬운 문제가 아닙니다.

여기에는 많은 논증과 상당한 설득력이 필요합니다.
그렇기에 저는 대연정으로서 우리에게 실질적인 기회가 있다고 생각합니다.
우리는 위원회와의 문제를 함께 토론해야 합니다.

에너지 집약 산업의 경쟁력은 위기에 놓여 있습니다.
여러분이 저보다 더 잘 아시겠지만, 미국의 유가는 현재 유럽 유가의 절반 또는 1/3 수준입니다.

along the lines of ~과 비슷한, ~에 따라서

Consequently we have real problems keeping energy-intensive industries in Europe.
It will therefore be very important that the Commission, with its rules on subsidies, does not put obstacles in our path with regard to the operation of our energy-intensive industries.

We still need a primary industry in Europe for materials like steel, aluminium, copper and so on.

In the European Union we must ensure that we retain or regain certain essential skills.
I believe that what we are seeing at present is a comprehensive transformation of the whole sphere of industrial production through the merging of digital technology and the Internet with conventional industry.

In Germany we call this "Industry 4.0".
In Germany we have skills galore when it comes to car-making, mechanical engineering and the chemical industry.
But we have few skills of our own when it comes to chip-making, Internet firms and software production, with the exception of SAP.

결과적으로 유럽에서 에너지 집약 산업을 유지해야 하는 실질적인 문제가 있습니다.
그러므로 위원회가 보조금 정책과 더불어, 에너지 집약 산업의 운용과 관련해 우리를 방해하지 않는 것이 매우 중요합니다.

유럽에는 아직도 강철, 알루미늄, 구리 등과 같은 재료에 대한 1차 산업이 필요합니다.

EU 안에서 우리는 기본적인 기술을 보유하거나 회복해야 합니다.
저는 현재 디지털 기술 및 인터넷과 전통산업의 통합을 통한 산업 생산의 전 영역에 걸친 포괄적인 변형이 진행되고 있다고 믿습니다.

독일에서는 이것을 "Industry 4.0"이라 부릅니다.
독일은 자동차 제조, 기계 공학, 화학 산업 분야에서 많은 기술을 보유하고 있습니다.
하지만 SAP를 제외하고 반도체 제조, 인터넷 기업, 소프트웨어 생산 분야의 기술은 거의 없습니다.

galore 많은, 풍성한

The same goes for large parts of Europe.
What we have to understand is that without the
capacity for full integration through modern
information and communication technologies,
today's mechanical engineers will have no future.

Working with devices which can communicate with
one another is only possible with the right software
skills and hardware capacities.

Given that software production and chip-making
will become increasingly dovetailed, the real
challenge for Europe lies in the digital sphere if we
are not to find ourselves structurally dependent on
America and Asia, something we cannot really want
to happen.

We have to discuss this issue because it demands a
concerted European response.

It is not something that any one EU Member State
could achieve single-handedly.

유럽의 대다수 나라들도 마찬가지입니다.
현대 정보 및 커뮤니케이션 기술을 통한 완전한 통합 능력 없이는
오늘날 기계 공학자들의 미래가 어렵다는 사실을 이해해야 합니다.

서로 소통할 수 있는 장치를 이용하는 것은 올바른 소프트웨어 기
술과 하드웨어 용량이 있을 때만이 가능한 일입니다.

소프트웨어 생산과 반도체 제조가 점차 긴밀히 연관될 것이라는
점을 감안할 때, 아메리카와 아시아에 구조적으로 의지하지 않게
된다면 유럽의 실질적인 과제는 디지털 영역에 있다고 할 수 있습니
다. 이런 사태가 벌어지는 것을 결코 원하시지는 않겠지요.

우리는 이 문제를 논의해야 합니다. 여기에는 결연한 유럽의 대응
이 요구되기 때문입니다.

이것은 EU의 한 회원국이 단독으로 해결할 수 있는 문제가 아닙
니다.

dovetail 긴밀히 연관되다 / concerted 합심한, 결연한 /
single-handedly 단독으로, 한손으로

Here again we can see the advantage of a common European engagement.
We have seen it in the aviation industry; now we have to achieve the same success in the digital sphere.

If we hadn't made the effort with EADS when we did, there would now be only one dominant aircraft maker, Boeing, and perhaps some up-and-coming Chinese manufacturers.

So I thank the OECD for consistently rubbing salt into our wounds, and for praising us, too, every so often.
We need that as well to keep going.

Here's to cooperation!

(19 February 2014)

여기서 다시 한 번, 우리는 유럽 공동 참여의 이점을 확인할 수 있습니다.
우리는 항공 산업에서 이러한 이점을 보아왔으며, 이제는 디지털 영역에서 같은 성공을 달성해야 합니다.

우리가 과거, EADS와 함께 노력을 기울이지 않았다면 오늘날, 보잉이라는 지배적인 항공기 제조업체와 떠오르는 중국의 몇몇 제조업체만이 있었을 것입니다.

그러므로 저는 끊임없이 독일의 약점을 상기시키고 또 자주 격려해 주신 것에 대해 OECD에 감사드립니다.
그것은 우리가 계속 나아가기 위해 필요한 일입니다.

협력을 위해 건배합시다!

2014년 2월 19일

---

aviation 항공 / EADS(European Aeronautic Defence and Space Company)
유럽 항공 방위 산업체 / up-and-coming 떠오르는 / here's to ~를 위해 건배

Christine Lagarde

New Year Press Briefing

크리스틴 라가르드

신년 기자회견

아베 신조 일본 정권의 공격적인 엔저 정책으로 글로벌 통화당국이 환율 전쟁 위기에 빠졌다. 국제통화기구IMF는 물론 독일과 러시아 등도 아베발(發) '통화가치 떨어뜨리기' 경쟁을 경고하고 나섰다. 크리스틴 라가르드 IMF 총재는 17일 신년 기자회견에서 세계 통화 전쟁 가능성을 경고했다. 라가르드 총재는 "경쟁적으로 통화 가치를 떨어뜨려서는 안 된다는 점을 거듭 강력히 밝힌다"고 말했다.

New Year Press Briefing at Washington, D.C.

Good morning to all of you, and happy New Year. Welcome back to the Fund, and thank you very much for being here in 2013.

A few comments maybe to begin with, on our take for 2013 given that there are a few comments from various corners on what it is going to be like.

I was trying to think of a formula to actually encapsulate how we perceive 2013, and my sense is:
We stopped the collapse.
We should avoid the relapse.
It is not time to relax.
Nice buzzwords for me, but it does encapsulate what we're trying to say.

Clearly, the collapse has been avoided in many corners of the world, thanks to policies that were decided, quite often by central bankers, often eventually by government authorities, particularly in the advanced economies.

신년 기자회견

여러분, 안녕하십니까. 새해 복 많이 받으십시오.
IMF에 오신 것을 환영하며, 2013년에도 함께해 주신 것에 감사드립니다.
먼저, 다가올 2013년에 대해 여러 곳에서 들리는 목소리를 고려해 IMF가 내린 결론에 대해 몇 가지 말씀드리겠습니다.

저는 2013년을 바라보는 기금의 생각을 한 마디로 압축할 수 있는 말이 무엇일까 생각해보았는데, 제 의견은 이렇습니다.
우리는 붕괴를 멈추었습니다.
우리는 재발을 막아야 합니다.
지금은 쉬고 있을 때가 아닙니다.
다른 전문용어들도 많이 있지만, 이 말이 바로 IMF가 하려는 말을 요약한 것입니다.

주로 중앙은행장들과 특히 선진경제권의 정부 당국이 결정한 정책 덕분에 세계 많은 곳에서 붕괴를 막은 것은 분명합니다.

take 의견 / encapsulate 요약[압축]하다 / perceive 감지[인지]하다 / collapse 붕괴 /
relapse 재발, 악화 / buzzword 전문용어, 유행어 / advanced economies 선진경제권

Whether you look at the eurozone or whether you look at the United States of America, often at the last hour, the right decisions have been made and as a result the collapse has been avoided.

Our sense is that there is still a lot of work to be done, and I will come to that in a second, which is why we should avoid the relapse, and make sure that none of the decision-makers, and none of the authorities actually relax, assuming that because there is a bit of recovery in sight and because the markets in particular have clearly anticipated good news, it is time to just slow down, slow the pace, and go back to business as usual.

So, what does it mean in terms of policy?

I will mention three key areas:
First of all, it is important to follow through on policies to put uncertainty to rest.

유로존을 보거나 미국의 경우를 보더라도, 마지막 순간에 올바른 결정을 한 경우가 종종 있었으며, 그 결과, 붕괴를 막았습니다.

IMF는 아직 해야 할 일이 많이 있다고 생각하며, 저는 곧 이 일에 가담할 것입니다.
이것이 우리가 재발을 막아야 하는 이유입니다. 또한 회복의 기미가 조금 보인다는 이유로, 특히 시장에서 분명 좋은 소식을 예상할 수 있다는 이유로, 느긋하게 속도를 늦추고 예전과 같이 돌아가도 좋다고 생각하며, 휴식을 취하려는 의사결정권자나 당국이 단 한 사람도 없도록 해야 합니다.

그렇다면 정책적인 면에서 이것의 의미는 무엇일까요?

저는 세 가지 주요 영역에 대해 말씀드리겠습니다.
먼저, 불확실성을 잠재울 정책을 완성하는 것이 중요합니다.

---

eurozone 유로존(유로화를 통화로 사용하는 유럽 연합 국가들) / in a second 금세, 순식간에 / in terms of ~ 면에서, ~에 관하여 / follow through on 완수하다 / put to rest 잠재우다

For those of who have followed carefully the work that Olivier Blanchard and his team do, we are trying to really associate uncertainty and confidence, and while this is not clearly definite yet in terms of investment, it is yet much more certain in terms of consumption, removing uncertainty plays a key role in rejuvenating confidence.
So, putting away uncertainty by following through on policies is important from our perspective.

What does that mean?
Key common challenges amongst the advanced economies will be about restoring fiscal sustainability.
I'm sure you will have questions about this issue and I'll be happy to take them.

In terms of fiscal sustainability, we are particularly concerned about the medium-term plans.

Olivier Blanchard와 그 팀이 하고 있는 작업을 열심히 따라와 준 여러분, IMF는 불확실성과 신뢰도의 연관성을 찾기 위해 노력하고 있지만, 투자 면에서 아직 그 연관성이 명확하지 않습니다. 하지만 소비 면에서는 불확실성을 없애는 것이 신뢰를 회복하는 데 있어 중요한 역할을 한다는 것은 좀 더 확실한 사실입니다.
그러므로 정책을 완성하여 불확실성을 없애는 것이 중요하다고 생각합니다.

이 말이 의미하는 것은 무엇일까요?
선진경제권들의 공통된 주요 과제는 재정건전성을 회복하는 것이 될 것입니다.
확신컨대, 여러분들은 이 문제에 관해 궁금하실 것이며 제가 이 궁금증을 해결해드리게 되어 기쁘게 생각합니다.

재정건전성과 관련해 IMF는 중단기 계획에 특히 관심을 가지고 있습니다.

associate 연관짓다 / definite 확실한, 확고한 / rejuvenate 활기를 되찾게 하다 / fiscal sustainability 재정건전성

There are clearly short-term imperatives that have to be adjusted on a country-by-country basis, at the right pace, with the right chemistry around it, but we're particularly concerned about the medium term in order to bring public debt down at a pace that is atune to each and every specificity of the country.
That is a common feature for all economies, particularly the advanced economies.

As far as the euro area is concerned, we think that a lot has been achieved in terms of policies, in terms of new tools in the toolbox that the Europeans have available to fight crises.

Yet, firewalls have not yet proven operational. Progress needs to be made on banking union. And, clearly, continued, if not further monetary easing will be appropriate in order to sustain demand.

각 국가별로 올바른 전망을 가지고 적절한 속도로 조정하여 단기적으로 반드시 해야 하는 것들도 분명 있습니다만, IMF는 각 나라의 특수성에 맞는 속도로 공채를 낮추기 위해 특히 중단기에 관심을 가지고 있습니다.
이것은 모든 경제, 특히 선진경제권의 공통된 내용입니다.

유럽 지역의 경우, 정책 면에서 많은 성과를 거두었다고 생각합니다. 새로운 정책 덕분에 유럽인들은 위기에 맞서 싸울 수 있었습니다.

그러나 방화벽의 사용가능성은 아직 증명되지 않았으며, 은행연합의 진척이 필요합니다.
또한 수요를 유지시키기 위해, 추가적이진 않더라도 지속적인 금융완화가 분명 필요할 것입니다.

chemistry 형세, 전망, 공감대 / specificity 특별함, 특수함 /
as far as somebody[something] is concerned ~에 관한 한 / firewall 방화벽 /
operational 사용할 준비가 갖춰진 / if not ~까지는 아니라 하더라도 /
monetary easing 금융완화

For the United States, we think that all sides should pull together in the national interest, avoiding further avoidable policy mistakes, that is failing to agree on increasing the debt ceiling on time, and prior to that preferably.

And, reaching agreement on medium-term debt reduction which I mentioned earlier.

For the non-advanced economies, and I'm putting together the emerging markets as well as the low-income countries, clearly those countries are faring at a much better pace in terms of growth, but everywhere I've traveled in the last few months in Africa, in Latin America, and in Asia, there has always been a concern about the unbalances and the lack of decisive action to address the advanced economies' crises.

So, those spillover effects, including in terms of confidence building, are clear.

미국의 경우, 부채 상한선을 제때, 가급적이면 그 이전에 늘리는 것에 합의하는 데 실패하는 것과 같이 막을 수 있는 정책 오류를 피하는 동시에 국민의 이익을 위해 모든 영역에서 협력해야 한다고 생각합니다.

또한 제가 앞서 말씀드린 중단기 부채감축에 합의해야 합니다.

비선진경제권의 경우에, 저소득 국가뿐만 아니라 신흥시장도 함께 말씀드리자면, 이런 국가들은 확실히 훨씬 더 빠른 속도로 성장이 진행되고 있지만, 지난 몇 개월간 제가 여행한 아프리카, 라틴아메리카, 아시아의 국가들은 선진경제권의 위기를 해결할 수 있는 단호한 행동의 부족과 불균형을 항상 걱정해 왔습니다.

그러므로 신뢰 구축을 포함한 파급효과가 반드시 필요합니다.

---

pull together 함께 일하다, 협력하다 / in the national interest 국민의 이익을 위해 / debt ceiling 부채 상한선 / preferably 가급적이면 / fare [사람이] 해 나가다, [일이] 되어 나가다 / decisive 결단력 있는

Given this increasing interconnectedness, particularly with certain markets, reducing this uncertainty is going to be key to the health of the global economy, and to allow those regions that are still very dynamic to continue to grow at a pace that is sustainable and necessary for the well-being of their population.

This is excessively too general, because when you go down the list of the emerging market economies and the low-income countries, some of them are much more vulnerable and open to the risk of spillover effects from advanced countries.

Others are more interconnected regionally and less prone to those risks, but overall in the main there is that clear risk which leads us to recommend to them that they actually improve and increase the buffers that they have already used and which they need to replenish.

That is the first imperative I just mentioned, which is to follow through on the policies in order to eliminate the uncertainty.

특히 특정 시장과의 이러한 상호연결성을 고려할 때, 이 불확실성을 감소시키는 것이 세계경제의 건전성을 위한 핵심이 될 것이며, 또한 여전히 역동하고 있는 지역들이 지속 가능하며 국민의 복지를 위해 필요한 속도로 계속 성장할 수 있는 열쇠가 될 것입니다.

이 말은 지나치게 일반적인 말입니다. 신흥시장 경제와 저소득 국가들의 목록을 열거해 보면, 일부 국가들은 선진국을 통한 파급효과의 위험에 훨씬 더 취약하고 개방적이기 때문입니다.

지역적인 연결성이 좀 더 높고 파급효과의 위험이 더 적은 곳도 있지만, 대체적으로 이러한 국가들에게는 위험이 분명 존재하며, 그렇기에 이미 사용하고 있는 완충물을 개선하고 증가시키도록 권장할 수밖에 없습니다. 이들 국가들은 이 위험을 보완해야 합니다.

이것이 제가 방금 언급한 첫 번째 필수과제, 즉 불확실성을 없애기 위해 정책을 완성하는 것입니다.

---

interconnectedness 상호연결성 / go down the list 일일이 들다, 열거하다 / vulnerable 취약한 / prone to ~의 경향이 있는 / in the main 대부분, 대체로 / buffer 완충물, (악영향·위험 등에 대해) 방패가 되는 사람[것] / replenish 다시 채우다, 보충하다

The second point, which is in our view critical, because it has been at the heart of the latest development of the crisis, is to finish the reform of the financial sector.

We recognize that there has been progress, but the process has been very time consuming, and continues to contribute to uncertainty.

We sense signs of waning commitment.
There is still momentum, but it is probably not as crucial as it was, and we regret it.

You can see that when you examine the content of reforms where some of them are slightly diluted, softened at the margin, where implementation is delayed.
That is clearly the case with Basle III for instance, where there are inconsistencies of approaches that lay the ground for possible arbitration.

We believe that it is important for the regulators, for the supervisors, for the authorities to actually resist aggressive industry pushback.

중요하다고 생각하는 두 번째 핵심은 최근 발생한 위기의 중심에 있었던 금융부문의 개혁을 완료하는 것입니다.
개혁이 계속 진척되어 온 것은 알고 있지만, 그 과정에서 시간이 너무 소모되었고, 이는 계속 불확실성을 조장할 것입니다.

우리는 개혁에 대한 집념이 줄어들고 있음을 감지하고 있습니다.
여전히 여세를 몰고 있긴 하지만 예전만큼 중요시되지는 않으며, 저희는 그것을 후회하고 있습니다.

개혁 내용을 검토해보면 지엽적으로 몇몇 개혁의 효력이 다소 약화되고 둔화된 곳과 시행이 지연되고 있는 곳들을 확인하실 수 있습니다.
예를 들면 중재의 초석이 되는 접근방식들이 서로 모순되는 Basle III의 경우가 분명 그러합니다.

IMF는 규제기관과 감독기관, 당국이 공격적인 산업계의 반발을 견디는 것이 중요하다고 생각합니다.

---

reform 개혁, 개선 / waning 줄어드는 / momentum 탄력, 가속도 / diluted 효력이 약화된, 묽은 / inconsistency 불일치, 모순 / lay the ground for ~을 위한 사전준비를 하다 / arbitration 중재 / pushback 반발, 반대

What things do we see in that regard?

Further weakening of capital and liquidity standards.

There has been, as you know, discussions on the liquidity coverage ratio, which has concluded as it did, and it could have been better.

We do not see enough progress on the cross-border resolution scheme, which has been recommended, as you know, by the FSB [Financial Stability Board], but has not yet resulted in actual deliverables at the regional and country level.

And, we certainly see delay in regulation concerning both shadow banking and derivatives. The ultimate goal of that financial regulation massive work that needs to be completed, that needs to be done on an accelerated rather than slowed-down basis clearly has to do with the growth of the real economy.

And that is my third key point.

That clearly authorities and policy decision-makers have to focus on the real economy, and what do I mean by that?

이와 관련해 어떤 일이 벌어지고 있나요?

자본 및 유동성의 기준이 더욱 약화되고 있습니다.

아시다시피, 유동성커버리지비율에 관한 논의가 계속 있어왔으며, 현재와 같은 결론이 내려졌지만 더 좋아질 수도 있었습니다.

우리는 국경간 정리안에 관해 충분한 진보를 보지 못했습니다. 여러분도 아시다시피 금융안정위원회가 이 정리안을 권장했지만 지역적, 국가적 수준에서 아직 실제로 사용되지 않습니다.

또한 우리는 그림자금융 및 파생상품과 관련한 규제가 지연되는 것을 확실히 보고 있습니다.

속도를 늦추기 보다는 신속하게 시행되고 완료되어야 하는 금융규제라는 이 거대한 작업의 궁극적인 목적은 실물경제의 성장과 분명 관련이 있습니다.

그리고 이것이 제 세 번째 핵심입니다.

당국 및 정책 결정권자들이 실물경제에 집중해야 한다는 사실은 분명한데, 이것으로 제가 말하고자 하는 것은 무엇일까요?

weakening 약화 / liquidity 유동성 / liquidity coverage ratio 유동성커버리지비율 (심각한 스트레스 상황 하에서 한 달간(30일) 최소한의 고유동성 자산을 확보하도록 하는 기준) / FSB[Financial Stability Board] 금융안정위원회 / deliverable 상품, 배송품 / shadow banking 그림자금융 / derivatives 파생상품 / have to do with ~와 관련이 있다 / real economy 실물경제

Clearly, a focus on growth and not any growth, but a growth that can actually deliver jobs.

The crisis has been in the making for many years now, and what we are seeing is improvements on certain fronts, but deterioration and certainly no improvement on the employment front, which we recognize as critical, both from an economic point of view, but also from a social point of view.

There are more than 200 million people out of a job, and 2 in 5 of those unemployed people are around 24, with clear concentration in certain areas and certain countries, including in the advanced economies.

So, we need growth for jobs, and jobs for growth. It is a virtuous circle in which we encourage policy makers to try to engage.
We need inclusive growth, and one that shares appropriately the benefit amongst all layers of the population.
That applies across the world, both in advanced economies, as well as in emerging-market and low-income countries.

분명히 말씀드리자면, 그 어떤 성장보다도 실제로 일자리를 산출할 수 있는 성장에 집중해야 합니다.

지금까지 수 년 동안 위기가 형성된 결과, 특정 부문이 개선된 것은 확인하게 되었지만 경제적인 관점에서 뿐만 아니라 사회적인 관점에서도 우리가 중요하다고 생각하는 고용 부문은 전혀 개선되지 않고 오히려 악화되었습니다.

2억 명 이상이 실직 상태에 있으며 실업자 5명 중 2명이 24살 전후로, 선진경제권을 포함한 특정 지역과 국가에 집중되어 있습니다.

그러므로 우리에게는 직업 창출을 위한 성장이 필요하며 성장을 위한 직업 창출이 필요합니다. 우리는 정책 결정권자들에게 이러한 선순환에 참여하도록 권장합니다.
우리에게는 포괄적인 성장, 그 혜택을 모든 인구층에서 적당하게 공유하는 성장이 필요합니다.
이것은 선진경제권이나 신흥시장, 저소득 국가 할 것 없이, 전 세계에 적용됩니다.

in the making 형성되고 있는 / front 영역 / deterioration 악화 / out of a job 실업 중인 / virtuous circle 선순환 / inclusive 폭넓은, 포괄적인

What do we mean by that, for instance?
I've been traveling to quite a few low-income countries lately, including countries where we have partnership by way of technical assistance or by way of programs.
Well, it means for instance transforming the energy subsidies programs into cash transfers, into social safety nets that are properly targeted to the people that actually need the support.

Finally, we need balanced growth.
We need to see continued shift in demand from the advanced economies to the new growth-engines in the emerging market economies.
That is one aspect of the balancing that is needed, a rebalancing. We also mean by more balanced growth a growth that is actually compatible with the sustainability of our environment, and the fight against climate change.

예를 들어 이것이 의미하는 것은 무엇일까요?
저는 최근, 기술 보조의 형태나 프로그램의 형태로 미국과 파트너십을 구축한 국가를 포함해, 많은 저소득 국가를 여행했습니다.
자, 이것은 예를 들어 에너지 보조금 프로그램을 현금 지원이나 실질적으로 지원이 필요한 사람들을 대상으로 한 사회안전망으로 바꾸는 것을 의미합니다.

마지막으로, 균형 잡힌 성장이 필요합니다.
선진 경제에서 신흥시장경제의 새로운 성장 엔진으로 수요가 꾸준히 변화하는 것을 확인해야 합니다.
이것은 우리가 필요로 하는 균형의 한 측면, 즉 재균형입니다.
더욱 균형 잡힌 성장을 통해 환경의 지속가능성 및 기후 변화에 맞선 투지와 실질적으로 공존할 수 있는 성장을 의미하기도 합니다.

quite a few 상당수 / by way of ~의 형태로 / subsidy 보조금, 장려금 / rebalancing
재균형 / sustainability 지속가능성

Now, what does that mean for us?

I remind you that in 2013 the IMF is certainly stronger, better equipped financially, has certainly refined some of its analytical tools.

We will continue to strengthen our surveillance, especially on spillover effects, and on the financial sector.

We will continue to strengthen our support for the entire spectrum of members through lending, capacity building, training, technical assistance.

In other words, we are not only serving the needs of a selected group of countries, but we serve the entire membership.

And when you look at the map of the world and see where our teams are, whether in capacity building, in technical assistance, in programs associated or not with financing, we are all over the map.

그렇다면 이것이 우리에게 주는 의미는 무엇일까요?

2013년, IMF는 분명 더 강하고 재정적 준비가 잘 갖추어졌으며, 몇몇 분석 도구들을 개선했음을 말씀드리겠습니다.

IMF는 특히 파급효과 및 금융부문에 대한 감시를 지속적으로 강화할 것입니다.

IMF는 대출, 능력 배양, 교육, 기술 원조 등을 통해 전체 회원국들에 대한 지원을 지속적으로 강화할 것입니다.

다시 말해, IMF는 단지 선별된 국가의 필요에 기여하는 것이 아니라, 전체 회원국을 위해 일합니다.

또한 세계지도를 펼치고 저희 팀이 있는 곳을 확인해 보시면, 그것이 능력 배양이든 기술 원조든 자금조달과 관련이 있거나 없는 프로그램이든, 지도 어느 곳에서나 IMF를 볼 수 있습니다.

We will continue to push ahead with the important and yet not completed reform of quota and governance, which as you know includes three stages, two of which are completed, the third one not yet.

I would now welcome your questions and address each and every one of them to the extent that I have the answer, and if I don't, I'm sure I will find in this extraordinary institution the right talent that will have the right answer for you.
I will not pretend I know it all.
I try to learn a lot in the process.

(17 January 2013)

IMF는 할당제 및 관리에 관한 중요하면서도 아직 완료되지 않은 개혁을 지속적으로 추진해 나갈 것입니다. 아시는 바와 같이 이 개혁은 세 단계로 되어 있으며, 이 중 두 단계는 완료되었지만 마지막 한 단계는 아직 완료되지 않았습니다.

이제 여러분의 질문을 기꺼이 받고, 제가 아는 한 모든 질문에 답변해 드리겠습니다. 제가 답을 가지고 있지 않다면, 여러분에게 올바른 답을 드릴 수 있는 적절한 인재를 저희 IMF 안에서 찾을 것을 약속드립니다.
저는 모든 것을 알고 있는 것처럼 가장하지 않겠습니다.
저는 이 과정에서 많은 것을 배우고자 할 것입니다.

2013년 1월 17일

push ahead 추진해 나가다 / quota 할당

Dilma Vana Rousseff

The United Nations General Assembly

지우마 호세프

유엔 총회 연설

미국과 캐나다의 정보기관이 브라질 에너지부를 도청·감청했다는 주장이 제기되었다. 지우마 호세프 브라질 대통령은 강력한 비난을 쏟아내며, 자신의 트위터를 통해 미국과 캐나다 정보기관의 에너지부 도청과 감청을 용납할 수 없는 행위라고 주장했다. 미국 정부로부터 만족할 만한 해명이 나오지 않자, 다음 달 예정되어 있던 미국 국빈방문을 취소했다. 또한 유엔 총회 기조연설에서 NSA의 정보 수집은 브라질의 국가 주권 및 브라질 국민의 자유와 인권을 침해하는 행위라고 규정했다.

Speech at the United Nations General Assembly

Mr. President, I wish to bring to the attention of attending delegations an issue which I view as being utterly important and serious.

Recently disclosed information on the activities carried out by a global network of electronic spying has brought about anger and repudiation in vast sectors of public opinion worldwide.

In Brazil, the situation was even more serious, since we, Brazil, feature as a target of such an intrusion. Citizens' personal data and information have been indiscriminately targeted and intercepted. Business information, oftentimes of high economic and even strategic value, have been the target of spying activity.

Also, communications by Brazilian diplomatic representation offices, including the permanent mission of Brazil with the United Nations and even the very presidency of Republic of Brazil, were subject to interception of communications.

유엔 총회 연설

의장님, 저는 여기 참석한 대표단 여러분께 제가 아주 중요하고 심각하다고 생각하는 문제에 대해 말씀드리고자 합니다.

최근 공개된 글로벌 전자스파이 네트워크에서 행한 행위는 전 세계 방대한 부문의 여론에서 분노와 외면을 불러일으켰습니다.

우리 브라질은 이러한 침범행위의 대상국으로 여겨지기 때문에, 그 상황이 훨씬 더 심각했습니다.
겨냥된 시민들의 개인 자료와 정보가 무차별적으로 빠져나갔습니다.
주로 경제적 가치가 높고 전략적 가치가 있는 기업 정보가 스파이 활동의 대상이 되어왔습니다.

유엔 주재 브라질 상임공관이나 심지어 브라질 대통령을 포함한 브라질 외교공관들의 커뮤니케이션도 도청의 대상이 되어 왔습니다.

utterly 아주 / repudiation 거부, 거절 / intrusion 침범, 침입 / intercept 가로채다

Meddling in such a manner in the life and affairs of other countries is a breach of international law, and, as such, it is an affront to the principles that should otherwise govern relations among countries, especially among friendly nations.

A country's sovereignty can never affirm itself to the detriment of another country's sovereignty. The right to security of a country's citizens can never be ensured by violating the fundamental human and civil rights of another country's citizens—even worse, when private-sector companies uphold this type of spying activity.

The argument that illegal interception of information and data is allegedly intended to protect nations against terrorism is untenable.

Mr. President, Brazil knows how to protect itself.
Brazil, Mr. President, repudiates.
Brazil tackles and does not provide shelter to terrorist groups.

이런 식으로 다른 사람의 인생이나 다른 국가의 일에 간섭하는 것은 국제법 위반이며, 그것 자체로 특히 우호적인 국가들 간의 관계를 다스리는 원칙에 대한 모욕입니다.

타국의 주권을 손상시키는 국가의 주권은 결코 있을 수 없습니다. 타국 시민의 기본적인 인권과 시민권을 위반하고, 심지어 민간 기업이 이러한 스파이 활동을 옹호한다면 결코 자국 시민의 안보를 보장할 수 없습니다.

정보 및 자료의 불법 도청이 테러로부터 국가들을 보호하기 위한 것이었다는 주장은 정당화될 수 없습니다.

의장님, 브라질은 자국을 스스로 보호할 수 있습니다.
의장님, 브라질은 모든 의혹들을 부인합니다.
브라질은 테러집단에 맞서고 있으며, 이들에게 피신처를 제공하지 않습니다.

meddle 간섭하다, 끼어들다 / as such 그것으로서, 그것 자체로는 / affront 모욕 /
detriment 손상 / uphold 옹호하다 / untenable 방어될 수 없는

We are a democratic country, surrounded by democratic, peaceful countries that respect international law.
We have been living in peace with our neighbors for more than 140 years.

Like so many other Latin Americans, I myself fought on a firsthand basis against arbitrary behavior and censorship, and I could therefore not possibly fail to uncompromisingly defend individuals' rights to privacy and my country's sovereignty.

Without the right to privacy, there is no real freedom of speech or freedom of opinion, and therefore, there is no actual democracy.
Without respect to sovereignty, there is no base for proper relations among nations.

What we have before us, Mr. President, is a serious case of violation of human rights and civil liberties, a case of invasion and capture of confidential, secret information pertaining to business activities, and, above all, a case of disrespect to the national sovereignty of my country.

브라질은 국제법을 존중하는 민주적이고 평화로운 국가들과 접해 있는 민주국가입니다.
브라질은 140년이 넘는 기간 동안 이웃국들과 평화롭게 지내왔습니다.

여느 많은 라틴 아메리카인들과 같이, 저 또한 직접 체험한 것을 바탕으로 독단적 행위와 검열에 맞서 싸웠으며, 개인의 사생활 권리와 브라질의 주권을 단호히 수호하지 않을 수 없었습니다.

사생활 권리가 없다면 실질적인 언론의 자유나 표현의 자유란 없으며, 그렇기에 진정한 민주주의도 없습니다.
주권에 대한 존중이 없다면 국가들 간의 올바른 관계를 위한 기초도 존재하지 않습니다.

의장님, 우리 앞에 놓인 문제는 인권과 시민적 자유가 침해된 심각한 사례이자 기업활동과 관련한 기밀 비밀 정보가 침해되고 점령된 사례이며, 무엇보다도, 브라질의 국권을 경시한 사례입니다.

arbitrary 독단적인 / uncompromisingly 단호히 / pertaining to ~에 관한

We have let the U.S. government know about our protest by demanding explanations, apologies and guarantees that such acts or procedures will never be repeated again.

Friendly governments and societies that seek to consolidate a truly strategic partnership, such as is our case, cannot possibly allow recurring and illegal actions to go on as if they were normal, ordinary practice. Such actions are totally unacceptable.

Mr. President, Brazil will further double its efforts to equip itself with legislation, technologies and the mechanisms that will protect us properly against illegal interception of communications and data.

My administration will do everything within its reach and powers to defend the human rights of all Brazilians and to protect the human rights of all citizens in the world while protecting the fruits of the ingenious efforts of Brazilian workers and corporations.

우리는 미국 정부에게 설명과 사과를 촉구하고 이러한 행위나 절차를 다시는 반복하지 않겠다는 확약을 요구함으로써, 우리의 항의를 알렸습니다.

브라질과 같이 진정한 전략적 파트너십을 강화하고자 하는 우호적 정부 및 사회는 마치 보통의 정상적인 일인 것처럼 이러한 불법 행위들이 되풀이되는 것을 용납할 수 없습니다.

의장님, 브라질은 커뮤니케이션 및 데이터의 불법 도청에 맞서 자국을 보호할 법률과 기술, 체제를 마련하기 위해 두 배의 노력을 기울일 것입니다.

브라질 행정부는 모든 브라질 국민의 인권을 옹호하고 세계 모든 시민의 인권을 보호하는 동시에, 브라질 근로자들과 기업이 일군 노력의 결실을 보호하기 위해 힘닿는 데까지 모든 일을 할 것입니다.

consolidate 굳히다, 강화하다 / equip oneself 준비하다, 채비하다

The problem, however, goes beyond the bilateral relations of two countries.
It affects the international community itself and, as such, requires an answer from it.

Information and communications or telecommunications technologies cannot become a new battlefield among states.

The time has come for us to foster the conditions required to prevent that the cyberspace becomes or be instrumentally manipulated as a weapon of war by means of spying activities, sabotage and attacks against the systems and infrastructures owned by third-party countries.

The United Nations organization should form a leadership role in an effort to properly regulate the behavior of states regarding these technologies and also consider the importance of the Internet and social networks as part of our efforts to build democracy worldwide.

하지만 문제는 미국과 브라질 양자 관계에 국한된 것이 아닙니다. 이것은 국제사회에 영향을 미치며, 그렇기에 국제사회의 답이 필요합니다.

정보와 커뮤니케이션, 또는 통신 기술이 국가 간의 새로운 전쟁터가 되어서는 안 됩니다.

스파이 활동과 사보타주, 제3국의 시스템과 인프라에 대한 공격에 의해 사이버 공간이 전쟁 무기로 사용되는 것을 막기 위해 필요한 조건을 조성할 때가 왔습니다.

유엔 기구는 이러한 기술과 관련해 미국의 행위를 적절히 규제하고자 노력하는 지도적인 역할을 수행해야 하며, 세계에 민주주의를 구축하려는 노력의 일환으로 인터넷과 소셜 네트워크의 중요성을 인식해야 합니다.

bilateral relations 양자 관계 / instrumentally 수단으로서 / by means of ~에 의해

For that reason, Mr. President, Brazil will put forth proposals aimed at establishing a multilateral civil framework for Internet governance and use, as well as measures to ensure effective protection of the data and information trafficking through the Internet.

We must establish multilateral mechanisms for the World Wide Web, mechanisms that are capable of ensuring materialization of principles such as, for example, number one, freedom of speech, individuals' privacy and respect to human rights; principle number two, democratic governance, multilateral, democratic and open governance exercised with a sense of transparency while encouraging collective creation and a broad-ranging participation of society, governments and the private sector.

의장님, 이러한 이유로 브라질은 인터넷을 통한 데이터와 정보 유통을 효과적으로 보호하기 위한 조치와 더불어, 인터넷 거버넌스 및 사용에 대한 다자간 민간 협력틀을 구축할 것을 제안합니다.

우리는 월드와이드웹에 대해 원칙들을 구현할 수 있는 다자간 체제를 구축해야 합니다. 그 원칙이란 예를 들면 첫째, 언론의 자유, 개인의 사생활, 인권의 존중에 대한 원칙, 둘째, 집단창작과 사회, 정부, 민간부문의 광범위한 참여를 권장하는 동시에 투명하게 행사되는 다자간의 민주적이고 개방된 거버넌스에 대한 원칙입니다.

put forth 제시하다 / multilateral 다자간 / materialization 구현, 실현

The third is the principle of universality that ensures social and human development, as well as the construction of inclusive, nondiscriminatory societies.

Fourth is the principle of cultural diversity without any imposition of beliefs, customs or values.

Principle number five, that of network neutrality by observing only technical and ethical criteria, thus making unacceptable any restriction due to political, commercial, religious reasons or any other reason.

Full utilization of the Internet's potential, therefore, involves responsible regulation that will at the same time guarantee freedom of speech, security and respect to human rights.

(24 September 2013)

세 번째는 차별대우가 없는 포괄적인 사회 건설과 함께 사회발전과 인류발달을 보증하는 보편성의 원칙입니다.

네 번째는 신념이나 관습, 가치에 대한 어떠한 부담도 없는 문화적 다양성의 원칙입니다.

다섯 번째 원칙은 기술적, 윤리적 기준만을 주시함으로써 정치적, 상업적, 종교적 이유 등으로 인한 어떠한 제약도 용납하지 않는 네트워크 중립의 원칙입니다.

그러므로, 인터넷의 온전한 이용에는 언론의 자유와 보안, 인권에 대한 존중을 보증하는 책임 있는 규제가 수반되어야 합니다.

2013년 9월 24일

inclusive 폭넓은, 포괄적인 / imposition 부과, 부담 / neutrality 중립

Michelle Obama

Democratic National Convention

미셸 오바마

민주당 전당대회 찬조연설

2012년 노스 캐롤라이나주 샬롯에서 개최된 미국 민주당 전당대회 개막식에서 미셸 오바마는 남편 오바마 대통령을 위한 지지 연설로 열광적인 청중 반응을 이끌어냈다. 여사는 오바마 대통령과 자신이 자라온 성장 배경과 인생 역경을 소개하면서 오바마 대통령의 서민적 면모를 내세웠고, 경제난 속에서 생활고에 시달리는 미 국민들과 같은 처지라는 점을 내비쳤다. 여사의 연설은 서민들의 공감을 이끌어내면서 큰 호응을 얻었다는 평가를 받았다.

Keynote Address at the Democratic National Convention

Thank you so much, Elaine.
We are so grateful for your family's service and sacrifice, and we will always have your back.

Over the past few years as First Lady, I have had thee extraordinary privilege of traveling all across this country.
And everywhere I've gone, in the people I've met, and the stories I've heard, I have seen the very best of the American spirit.
I have seen it in the incredible kindness and warmth that people have shown me and my family, especially our girls.

I've seen it in teachers in a near-bankrupt school district who vowed to keep teaching without pay.

I've seen it in people who become heroes at a moment's notice, diving into harm's way to save others, flying across the country to put out a fire, driving for hours to bail out a flooded town.

민주당 전당대회 찬조연설

일레인, 정말 감사합니다.
당신 가족의 봉사와 희생에 매우 감사드리며, 항상 당신을 지지하겠습니다.

지난 몇 년 동안 영부인으로서 저는 나라 곳곳을 여행할 수 있는 대단한 특권을 누렸습니다.
그리고 제가 간 그 모든 곳에서, 제가 만난 모든 사람들에게서, 제가 들은 이야기들에서 저는 가장 훌륭한 미국 정신을 보아왔습니다.
사람들이 저와 제 가족, 특히 제 딸들에게 보여준 믿을 수 없는 친절과 따뜻함 속에 미국의 정신은 있었습니다.

거의 파산한 학군에서 보수 없이 아이들을 계속 가르치기로 한 교사들에게도 미국의 정신이 있었습니다.

위기에 처한 사람들을 구하기 위해 험한 길을 달려오고, 불을 끄기 위해 나라 저편에서 날아오며, 침수된 마을의 물을 퍼내려 몇 시간을 운전해 오는 사람들에게서도 미국의 정신을 보았습니다.

school district (미국) 학구(學區) / at a moment's notice 당장, 즉석에서 /
bail out (물을) 퍼내다 / flooded 침수된

And I've seen it in our men and women in uniform and our proud military families, in wounded warriors who tell me they're not just going to walk again, they're going to run, and they're going to run marathons, in the young man blinded by a bomb in Afghanistan who said, simply, "I'd give my eyes 100 times again to have the chance to do what I have done and what I can still do."

Every day, the people I meet inspire me.
Every day, they make me proud.
Every day they remind me how blessed we are to live in the greatest nation on earth.

Serving as your First Lady is an honor and a privilege, but back when we first came together four years ago, I still had some concerns about this journey we'd begun.

While I believed deeply in my husband's vision for this country and I was certain he would make an extraordinary President - like any mother, I was worried about what it would mean for our girls if he got that chance.

제복을 입은 우리 군인들과 자랑스러운 군인 가족들, 다시 걸을 뿐 아니라 걷고 달리고 심지어 마라톤 경기에도 출전할 거라고 말하는 부상당한 군인에게서 저는 그 정신을 보았습니다. 아프가니스탄의 폭탄에 시력을 잃고도 "내가 했었고, 아직도 할 수 있는 일을 할 기회가 있다면 100번이라도 더 내 눈을 바칠 것이다"라고 말하는 젊은 군인에게서도 그 정신을 보았습니다.

매일매일 제가 만난 사람들이 제게 영감을 줍니다.
매일매일 그들은 저를 자랑스럽게 합니다.
매일매일 그들은 지구상에서 가장 위대한 나라에 살고 있는 우리가 얼마나 축복받은 사람들인지를 상기시켜 줍니다.

영부인으로 봉사하는 것은 명예이자 특권입니다. 하지만 4년 전 처음 여러분 앞에 섰을 때, 저는 우리가 시작한 이 여정에 대해 여전히 걱정하고 있었습니다.

이 나라에 대한 남편의 비전을 깊이 신뢰하고 있었고 그가 특별한 대통령이 될 것이라 확신했음에도, 여느 어머니들과 같이 남편이 이 기회를 갖는 것이 제 딸들에게 어떤 의미일지 걱정스러웠습니다.

How would we keep them grounded under the glare
of the national spotlight?
How would they feel being uprooted from their
school, their friends, and the only home they'd ever
known?

Our life before moving to Washington was filled
with simple joys: Saturdays at soccer games,
Sundays at grandma's house, and a date night
for Barack and me was either dinner or a movie,
because as an exhausted mom, I couldn't stay awake
for both.

And the truth is, I loved the life we had built for our
girls...I deeply loved the man I had built that life
with. And I didn't want that to change if he became
President.

I loved Barack just the way he was.
You see, even though back then Barack was a
Senator and a presidential candidate, to me, he was
still the guy who'd picked me up for our dates in a
car that was so rusted out, I could actually see the
pavement going by through a hole in the passenger
side door.

전국적인 스포트라이트 아래에서 어떻게 딸들을 숨길 수 있을까요?

자신의 학교와 친구들, 유일한 고향으로부터 떨어진 것을 아이들은 어떻게 느낄까요?

워싱턴으로 오기 전까지, 저희 생활은 단순한 기쁨으로 가득했습니다. 토요일에는 축구 경기를 즐기고, 일요일에는 할머니 댁에 갔으며, 버락과의 저녁 데이트 때는 식사를 하거나 영화를 봤습니다. 진이 다 빠진 엄마로서 식사와 영화 둘 다 즐기지는 못했죠.

사실 저는 우리가 딸들을 위해 만들어 놓은 그 생활이 너무 좋았습니다. 저는 그 생활을 함께 만들어 온 남자를 깊이 사랑했습니다. 그리고 그가 대통령이 되더라도 그것을 바꾸고 싶지 않았습니다.

저는 버락을 그 모습 그대로 사랑했습니다.

아시겠지만 버락이 상원의원이었을 때에도, 대통령 후보였을 때에도, 제게 그는 조수석 문에 난 구멍으로 인도를 볼 수 있는 그런 낡은 차로 데이트 할 저를 데리러 오던 남자였습니다.

---

glare 눈부심, 노려봄 / uproot ～을 (태어나서 자란 땅·환경에서) 철거시키다, 떼어버리다 / rust out 부식되어 못쓰게 되다 / pavement 인도

He was the guy whose proudest possession was a coffee table he'd found in a dumpster, and whose only pair of decent shoes was half a size too small.

But when Barack started telling me about his family – that's when I knew I had found a kindred spirit, someone whose values and upbringing were so much like mine.

You see, Barack and I were both raised by families who didn't have much in the way of money or material possessions but who had given us something far more valuable – their unconditional love, their unflinching sacrifice, and the chance to go places they had never imagined for themselves.

My father was a pump operator at the city water plant, and he was diagnosed with Multiple Sclerosis when my brother and I were young.
And even as a kid, I knew there were plenty of days when he was in pain.
I knew there were plenty of mornings when it was a struggle for him to simply get out of bed.

그가 가진 것 중 가장 변변한 것은 쓰레기통에서 발견한 커피 테이블이었고, 제대로 된 유일한 신발은 반 사이즈 작은 구두였던, 그는 그런 남자였습니다.

하지만 그가 자기 가족에 대해서 제게 이야기했을 때, 저는 가치관과 자라온 환경이 저와 너무도 닮은 비슷한 사람을 찾았음을 알았습니다.

아시다시피 버락과 저는 둘 다 돈이나 물질적으로 가진 것이 많지 않은 가정에서 자랐습니다. 하지만 부모님은 훨씬 더 소중한 것들을 저희에게 주셨습니다. 바로 부모님의 무조건적인 사랑과 불굴의 희생, 그들 자신은 상상도 하지 못했던 곳으로 갈 수 있는 기회 같은 것들입니다.

제 아버지는 시 수도시설의 펌프기사셨는데 오빠와 제가 어렸을 때 다발성 경화증 진단을 받으셨습니다.
어린 나이였지만, 저는 아버지께서 수많은 날들을 고통스러워 하셨다는 것을 알고 있었습니다.
아버지께는 그저 아침에 침대에서 일어나는 것조차 힘든 나날이 많았다는 것을 알았습니다.

---

dumpster 덤프스터(금속제의 대형 쓰레기 수집 용기; 상표명) / decent 제대로 된 / kindred 비슷한 / upbringing 교육(법), 양육 / unflinching 끄덕않는, 단호한 / Multiple Sclerosis 다발성 경화증

But every morning, I watched my father wake up with a smile, grab his walker, prop himself up against the bathroom sink, and slowly shave and button his uniform.

And when he returned home after a long day's work, my brother and I would stand at the top of the stairs to our little apartment, patiently waiting to greet him, watching as he reached down to lift one leg, and then the other, to slowly climb his way into our arms.

But despite these challenges, my dad hardly ever missed a day of work.

He and my mom were determined to give me and my brother the kind of education they could only dream of.

And when my brother and I finally made it to college, nearly all of our tuition came from student loans and grants.

But my dad still had to pay a tiny portion of that tuition himself.

And every semester, he was determined to pay that bill right on time, even taking out loans when he fell short.

하지만 매일 아침, 저는 보았습니다. 아버지께서 미소를 지으며 일어나 작업화를 들고 욕실 세면대에 기대어 천천히 면도하시고 유니폼 단추를 채우는 모습을 말입니다.

긴 하루의 일을 마치고 아버지가 집으로 돌아오실 때, 오빠와 저는 우리 작은 아파트 계단 꼭대기에 서서 참을성 있게 아버지를 기다리곤 했습니다. 그리고 아버지가 한쪽 다리, 그리고 나머지 한쪽 다리를 차례로 뻗어 천천히 계단을 올라와 저희와 포옹하는 것을 보았습니다.

하지만 이런 어려움에도 불구하고 아버지는 단 하루도 일을 거르지 않으셨습니다.

부모님은 저와 오빠에게 자신들이 그저 꿈꾸던 그런 교육을 주기 위해 매우 단호하셨습니다.

그리고 오빠와 제가 마침내 대학에 들어갔을 때, 저희 학비의 대부분은 학자금 대출과 보조금으로 충당했습니다.

하지만 아버지는 여전히 학비의 일부분을 스스로 납입하셔야 했습니다.

매 학기, 아버지는 제때에 학비를 내주셨고, 사정이 여의치 않을 때에는 빚을 내서라도 등록금을 납부해주셨습니다.

prop against ~에 받쳐놓다, 괴어놓다 / reach down 몸을 아래로 뻗다 /
make it to ~에 이르다. 도착하다 / right on time 딱 제시간에 / take out loans 빚을
내다. 대출하다 / fall short 모자라다. 미치지 못하다

He was so proud to be sending his kids to college, and he made sure we never missed a registration deadline because his check was late.

You see, for my dad, that's what it meant to be a man.

Like so many of us, that was the measure of his success in life – being able to earn a decent living that allowed him to support his family.

And as I got to know Barack, I realized that even though he'd grown up all the way across the country, he'd been brought up just like me.

Barack was raised by a single mother who struggled to pay the bills, and by grandparents who stepped in when she needed help.

Barack's grandmother started out as a secretary at a community bank and she moved quickly up the ranks, but like so many women, she hit a glass ceiling.

And for years, men no more qualified than she was – men she had actually trained – were promoted up the ladder ahead of her, earning more and more money while Barack's family continued to scrape by.

아버지는 아이들을 대학에 보내고 있다는 사실을 매우 자랑스러워하셨고, 준비가 늦어져 저희가 등록 마감을 놓치지 않도록 하셨습니다.

제 아버지께는 그것이 바로 남자다움이란 것이었습니다.

우리들이 대부분 그렇듯이, 가족을 부양할 수 있도록 넉넉한 삶을 꾸릴 수 있는 것, 그것이 바로 아버지 삶의 성공의 척도였습니다.

그리고 제가 버락을 알게 되었을 때, 비록 그가 미국 전역을 돌며 자랐지만 저와 똑같은 환경에서 자라왔다는 것을 알게 되었습니다.

버락은 공과금을 내기 위해 안간힘을 쓰는 싱글맘의 손에서 자랐으며, 그녀에게 도움이 필요할 때에는 조부모님이 양육을 도와주셨습니다.

버락의 할머니는 지역 은행의 비서로 일을 시작하셨고, 빠르게 승진하셨습니다. 하지만 많은 여성들처럼, 유리천장에 부딪치고 말았습니다.

그리고 몇 년 동안, 그녀보다 자질이 부족한 남자들이 - 실제로 그녀가 훈련시켰던 남자들이 - 그녀를 앞질러 더 많은 돈을 벌었습니다. 그동안 버락의 가족은 계속 근근이 살아가야 해습니다.

step in 돕고 나서다, 개입하다 / start out (사업, 일을) 시작하다 / qualified 자질이 있는 / promote 승진시키다 / scrape by 근근이 살아가다

But day after day, she kept on waking up at dawn to catch the bus, arriving at work before anyone else, giving her best without complaint or regret.
And she would often tell Barack, "So long as you kids do well, Bar, that's all that really matters."

Like so many American families, our families weren't asking for much.
They didn't begrudge anyone else's success or care that others had much more than they did. In fact, they admired it.

They simply believed in that fundamental American promise that, even if you don't start out with much, if you work hard and do what you're supposed to do, then you should be able to build a decent life for yourself and an even better life for your kids and grandkids.
That's how they raised us.
That's what we learned from their example.

We learned about dignity and decency – that how hard you work matters more than how much you make, that helping others means more than just getting ahead yourself.

하지만 그녀는 매일같이 새벽에 일어나 버스를 잡아타고 그 누구보다 일찍 일터로 나갔으며, 불평이나 후회 없이 최선을 다했습니다. 그리고 버락에게 "우리 강아지가 성공하는 것만이 내가 바라는 전부"라고 말하곤 하셨습니다.

여느 많은 미국 가족들처럼, 저희 가족도 많은 것을 바라지 않았습니다.
다른 사람의 성공을 시기하지도 않았고 다른 이들이 더 많이 가진 것을 신경 쓰지 않았습니다. 사실 그런 사람들을 존경했습니다.

저희 가족은 근본적인 미국의 약속을 믿었습니다. 비록 많은 것을 가지고 시작하지 않더라도 열심히 일하고 해야 할 일을 한다면 자신을 위한 괜찮은 삶을 영위할 수 있고, 자식들과 손자들에게 훨씬 더 나은 삶을 제공할 수 있다는 약속이요.
이것이 바로 우리가 자란 방식이었습니다.
이것이 바로 저희가 본보기로 삼아 배운 것이었습니다.

우리는 존엄성과 고귀함에 대해 배웠습니다. 얼마나 많은 것을 이루느냐보다 얼마나 열심히 하느냐가 더 중요하다는 것, 혼자 성공하는 것보다 남을 돕는 것이 더 의미 있다는 것을 말입니다.

day after day 매일같이 / so long as ~이기만 하면 / begrudge 시기하다 / decency
고귀함

We learned about honesty and integrity – that the truth matters, that you don't take shortcuts or play by your own set of rules, and success doesn't count unless you earn it fair and square.

We learned about gratitude and humility – that so many people had a hand in our success, from the teachers who inspired us to the janitors who kept our school clean.

And we were taught to value everyone's contribution and treat everyone with respect.

Those are the values Barack and I – and so many of you – are trying to pass on to our own children. That's who we are.

And standing before you four years ago, I knew that I didn't want any of that to change if Barack became President.

Well, today, after so many struggles and triumphs and moments that have tested my husband in ways I never could have imagined, I have seen firsthand that being president doesn't change who you are – it reveals who you are.

우리는 정직과 성실에 대해, 중요한 것은 진실성이며 지름길로 가거나 자신이 정한 규칙을 무시해서는 안 된다는 것, 그리고 공정하고 정직하게 얻은 것이 아니라면 성공은 중요하지 않다는 것을 배웠습니다.

우리는 감사와 겸손에 대해서도 배웠습니다. 우리의 성공을 위해 우리에게 영감을 준 선생님부터 학교를 깨끗이 청소해주시는 관리인까지, 많은 분들의 도움이 있었다는 것을 배웠습니다.

모든 분들의 공헌을 소중하게 여기고, 그들을 존경하는 마음으로 대하라고 배웠습니다.

이것이 바로 버락과 저, 그리고 여기 계신 여러분들이 우리 아이들에게 전하고자 하는 가치입니다.

그것이 바로 우리들입니다.

4년 전 여러분 앞에 섰을 때 저는, 버락이 대통령이 되더라도 그 어떤 것도 바뀌지 않기를 바랐습니다.

그런데 오늘, 저는 상상도 할 수 없었던 방식으로 제 남편을 시험했던 그토록 많은 고난과 승리의 순간들이 지난 후에, 저는 대통령이 된다는 것은 자신의 모습을 바꾸는 것이 아니라 자신의 모습을 드러내는 것이라는 것을 체험으로 알게 되었습니다.

integrity 성실 / take a shortcut 지름길로 가다 /
play by somebody's (own) rules ~가 정한 규칙에 따르다 / square 정직한 /
humility 겸손 / have a hand in ~에 관여[참가]하다 / janitor 관리인, 수위

You see, I've gotten to see up close and personal
what being president really looks like.

And I've seen how the issues that come across a
President's desk are always the hard ones – the
problems where no amount of data or numbers
will get you to the right answer, the judgment calls
where the stakes are so high, and there is no margin
for error.

And as President, you can get all kinds of advice
from all kinds of people.

But at the end of the day, when it comes time to
make that decision, as President, all you have to
guide you are your values, and your vision, and the
life experiences that make you who you are.

So when it comes to rebuilding our economy,
Barack is thinking about folks like my dad and like
his grandmother.
He's thinking about the pride that comes from a
hard day's work.

아시다시피, 저는 대통령이 된다는 것이 무엇인지를 옆에서 직접 지켜보았습니다.

그리고 저는 대통령의 책상에 전달되는 문제들은 항상 어려운 것들이라는 것, 어떤 자료나 숫자로도 정답을 얻을 수 없는 문제들이 산재한다는 것을 알았습니다.
이해관계가 첨예하게 대립하는 사안들은 조금의 실수도 허용하지 않습니다.

대통령은 모든 분야의 사람들로부터 모든 종류의 충고를 들을 수 있어야 합니다.

하지만 마지막에 결단을 내려야 하는 시간이 되면, 대통령의 판단 기준이 되어야 하는 것은 가치관, 비전, 그리고 자신을 자신답게 만들어 준 삶의 경험들입니다.

그래서 우리 경제를 재건하는 데 있어서, 버락은 제 아버지나 그의 할머니와 같은 사람들을 생각하게 됩니다.
그는 고된 일을 통해 얻는 자신감에 대해 생각합니다.

see up close ~을 바로 옆에서 자세히 보다 / look like ~할 것 같다, ~인 것처럼 보이다 / judgment call 심판의 판정, 개인적 견해 / stakes 이해관계 / margin 여백, 여유 / folks 사람들

That's why he signed the Lilly Ledbetter Fair Pay
Act to help women get equal pay for equal work.
That's why he cut taxes for working families and
small businesses and fought to get the auto industry
back on its feet.
That's how he brought our economy from the brink
of collapse to creating jobs again – jobs you can
raise a family on, good jobs right here in the United
States of America.

When it comes to the health of our families, Barack
refused to listen to all those folks who told him
to leave health reform for another day, another
president.

He didn't care whether it was the easy thing to do
politically – that's not how he was raised – he cared
that it was the right thing to do.

그것이 버락이 릴리 레드베터 공정임금법에 서명한 이유입니다.

그것이 바로 그가 노동자 가정과 영세업자의 세금을 줄이고, 자동차 산업을 회복시키기 위해 애쓴 이유입니다.

그것이 바로 그가 붕괴 직전의 우리 경제를 다시 가족을 부양할 수 있는 좋은 일자리들을 창출하는 경제로 돌아오게 한 방식이었습니다. 바로 이곳 미국에서 말입니다.

국민들의 건강문제에 관해서, 버락은 의료 개혁은 훗날, 다른 대통령에게 맡기라고 말한 다른 사람들의 말을 거절했습니다.

정치적으로 그렇게 처리하는 것이 쉬운 일인지 아닌지는 신경 쓰지 않았습니다. 그는 그렇게 자라오지 않았기 때문입니다. 그는 그것이 옳은 일인지에만 관심을 기울였습니다.

get back on one's feet ~을 다시 회복시키다 /
brink (아주 새롭거나 위험하거나 흥미로운 상황이 발생하기) 직전

He did it because he believes that here in America, our grandparents should be able to afford their medicine, our kids should be able to see a doctor when they're sick, and no one in this country should ever go broke because of an accident or illness.
And he believes that women are more than capable of making our own choices about our bodies and our health care.
That's what my husband stands for.

When it comes to giving our kids the education they deserve, Barack knows that like me and like so many of you, he never could've attended college without financial aid.
And believe it or not, when we were first married, our combined monthly student loan bills were actually higher than our mortgage.
We were so young, so in love, and so in debt.

That's why Barack has fought so hard to increase student aid and keep interest rates down, because he wants every young person to fulfill their promise and be able to attend college without a mountain of debt.

그가 그렇게 한 이유는 이곳 미국에서, 우리의 조부모님들이 약을 구할 수 있어야 하며, 우리의 아이들이 아플 때 진료를 받을 수 있어야 한다고 믿기 때문입니다.

또한 이 나라의 어느 누구도 사고나 질병 때문에 파산해서는 안 된다고 믿습니다.

그리고 그는 여성이 우리 몸과 건강에 대해 충분히 선택할 수 있어야 한다고 믿고 있습니다.

이것이 제 남편의 입장입니다.

우리 아이들이 마땅히 받을 자격이 있는 교육에 대해, 버락은 저나 대부분의 여러분처럼, 자신도 재정적인 지원 없이는 대학을 다닐 수 없었다는 것을 잘 알고 있습니다.

믿겨지실지 모르지만, 저희가 처음 결혼했을 때, 우리 두 사람의 월 학자금 대출 상환액을 합친 금액은 월 융자금보다 더 많았습니다. 우리는 너무 어렸고, 너무 사랑했으며, 너무도 빚이 많았습니다.

이것이 바로 버락이 학자금 지원을 늘리고, 대출 이자율을 낮추려고 그토록 열심히 애쓰는 이유입니다. 그는 모든 젊은이들이 산더미 같은 빚 없이 자신의 장래성을 실현하고 대학에 다닐 수 있기를 원하기 때문입니다.

student loan 학자금 대출

So in the end, for Barack, these issues aren't political – they're personal.
Because Barack knows what it means when a family struggles.
He knows what it means to want something more for your kids and grandkids.

Barack knows the American Dream because he's lived it.
And he wants everyone in this country to have that same opportunity, no matter who we are, or where we're from, or what we look like, or who we love.
And he believes that when you've worked hard, and done well, and walked through that doorway of opportunity, you do not slam it shut behind you, you reach back, and you give other folks the same chances that helped you succeed.

So when people ask me whether being in the White House has changed my husband, I can honestly say that when it comes to his character, and his convictions, and his heart, Barack Obama is still the same man I fell in love with all those years ago.

그렇기에 결국 버락에게 이 모든 문제는 정치적인 것이 아니라 개인적인 것입니다.

버락은 가족이 힘겹게 살아간다는 것이 어떤 의미인지 알기 때문입니다.

그는 아이들과 손자들에게 무언가 더 해주고 싶은 마음이 어떤 것인지 알고 있습니다.

버락은 아메리칸 드림이 무엇인지 직접 체험하여 알고 있습니다.

그리고 그는 이 땅의 모든 사람들이 누구이든, 어디서 왔든, 어떻게 생겼든, 누구를 사랑하든 상관없이 같은 기회를 갖기를 원합니다.

버락은 여러분이 열심히 일했고 잘 해냈으며 그래서 기회의 문을 활짝 열고 들어가게 되었을 때, 그 문을 뒤에서 쾅 닫아버리지 않고, 기억을 돌이켜 자신이 성공하도록 도와준 똑같은 기회를 다른 사람들에게 줄 것이라 믿습니다.

사람들은 제게 백악관에서의 삶이 남편을 변화시켰는지 물어 오십니다. 그것이 그의 성격과 신념, 심성에 대해 물으신 거라면, 버락 오바마는 오래 전 제가 사랑에 빠졌던 그때의 그 사람이라고 솔직하게 말할 수 있습니다.

slam 쾅 닫다 / reach back 기억을 더듬어 돌이켜보다

He's the same man who started his career by turning down high paying jobs and instead working in struggling neighborhoods where a steel plant had shut down, fighting to rebuild those communities and get folks back to work - because for Barack, success isn't about how much money you make, it's about the difference you make in people's lives.

He's the same man who, when our girls were first born, would anxiously check their cribs every few minutes to ensure they were still breathing, proudly showing them off to everyone we knew.
That's the man who sits down with me and our girls for dinner nearly every night, patiently answering their questions about issues in the news, and strategizing about middle school friendships.

That's the man I see in those quiet moments late at night, hunched over his desk, poring over the letters people have sent him.
The letter from the father struggling to pay his bills, from the woman dying of cancer whose insurance company won't cover her care, from the young person with so much promise but so few opportunities.

그는 제철공장이 문을 닫자 그 지역사회를 재건하고 사람들을 일자리로 돌려보내기 위해 투쟁하는 이웃을 위해, 고소득 일자리를 거절하고 처음으로 일을 시작한 바로 그 사람입니다. 버락에게 있어 성공이란 얼마나 많은 돈을 버느냐가 아니라 사람들의 삶을 어떻게 변화시키느냐와 관련된 것이기 때문입니다.

그는 우리 딸들이 처음 태어났을 때, 이 아이들이 여전히 숨을 쉬고 있는지 초조하게 확인하고 우리가 아는 모든 사람들에게 아이들을 자랑스럽게 보여주던 그 때의 버락입니다.
거의 매일 저녁, 저와 우리 딸들과 함께 식탁에 둘러 앉아 뉴스에 나오는 문제들에 대한 아이들의 질문에 참을성 있게 답해주고, 중학교 친구들과의 우정에 대해 팁을 주던 바로 그 사람입니다.

밤늦은 시각, 책상에 등을 구부리고 앉아 국민들이 보낸 편지들을 찬찬히 읽어보는 바로 그 사람입니다.
공과금을 내기 어렵다는 한 아버지로부터, 보험회사가 등을 돌리는 바람에 암으로 죽어가는 여성으로부터, 장래성은 너무도 많지만 기회가 너무 적은 청년으로부터 온 편지들 말입니다.

turn down ~을 거절하다 / crib 유아용 침대 / show off 과시하다, 자랑하다 / strategize 작전을 짜다 / hunch 등을 구부리다 / pore over 세세히 보다[읽다]

I see the concern in his eyes, and I hear the
determination in his voice as he tells me,
"You won't believe what these folks are going
through, Michelle; it's not right; we've got to keep
working to fix this; we've got so much more to do."
I see how those stories – our collection of struggles
and hopes and dreams – I see how that's what drives
Barack Obama every single day.

And I didn't think it was possible, but today, I love
my husband even more than I did four years ago,
even more than I did 23 years ago, when we first
met.
I love that he's never forgotten how he started.
I love that we can trust Barack to do what he says
he's going to do, even when it's hard – especially
when it's hard.

I love that for Barack, there is no such thing as
"us" and "them" – he doesn't care whether you're a
Democrat, a Republican, or none of the above.
He knows that we all love our country, and he's
always ready to listen to good ideas.
He's always looking for the very best in everyone he
meets.

저는 그의 눈에 깃든 근심을 볼 수 있고, 그가 "이 사람들이 겪고 있는 일들을 믿지 못할 거야, 미셸. 이건 옳지 않아. 우리는 이러한 것들을 고치기 위해 계속 노력해야 해. 우리는 할 일이 훨씬 더 많아."라고 말할 때 그의 목소리에 담긴 결연함을 들을 수 있습니다. 저는 이런 이야기들, 우리의 투쟁과 희망과 꿈이 가득한 이 이야기들이 매일매일 버락 오바마를 움직이는 원동력이라는 것을 압니다.

이것이 가능하리라 생각하지 않았지만, 저는 제 남편을 4년 전에 그랬던 것보다, 아니 우리가 처음 만났던 23년 전보다 지금 더 사랑하게 되었습니다.
자신이 어떻게 시작했는지를 결코 잊지 않는 그를 사랑합니다.
할 것이라 말한 것은 반드시 해낼 거라는, 힘든 상황에서도 특히 힘든 상황에서는 더더욱 반드시 해낼 것이라는 믿음을 주는 그를 사랑합니다.

저는 "우리"라든지 "그들"이라는 구분을 하지 않는 버락을 사랑합니다. 버락은 여러분이 민주당원이든 공화당원이든 양쪽 다 아니든 개의치 않습니다.
그는 우리 모두가 조국을 사랑한다는 것을 알고 있으며, 늘 좋은 의견에 귀를 기울일 준비가 되어 있습니다.
그는 항상 만나는 모든 사람의 가장 좋은 면을 보려 합니다.

And I love that even in the toughest moments, when we're all sweating it – when we're worried that the bill won't pass, and it seems like all is lost – Barack never lets himself get distracted by the chatter and the noise.

Just like his grandmother, he just keeps getting up and moving forward, with patience and wisdom, and courage and grace.

And he reminds me that we are playing a long game here, and that change is hard, and change is slow, and it never happens all at once.

But eventually we get there, we always do.

We get there because of folks like my Dad, folks like Barack's grandmother, men and women who said to themselves, "I may not have a chance to fulfill my dreams, but maybe my children will, maybe my grandchildren will."

So many of us stand here tonight because of their sacrifice, and longing, and steadfast love, because time and again, they swallowed their fears and doubts and did what was hard.

그리고 저는 우리 모두의 진땀을 쏙 빼는 가장 힘든 순간에도, 법안이 통과되지 못할까봐 걱정할 때에도, 모든 것을 잃은 듯한 상황에서도 주변의 시끄러운 소리에 절대 흔들리지 않는 버락을 사랑합니다.

그의 할머니와 꼭 같이, 그는 인내심과 지혜, 용기와 품위를 가지고 계속 일어나 앞으로 전진합니다.

그리고 그는 제게 우리가 긴 게임을 하고 있으며, 그 게임을 통한 변화는 힘들고 더디게 나타날 것이라는 것, 그리고 그 변화가 갑자기 일어나지는 않는다는 사실을 일깨워줍니다.

하지만 결국 우리는 항상 그랬듯, 그렇게 만들 것입니다.

우리는 해낼 것입니다. 제 아버지와 같은 사람들, 버락의 할머니와 같은 사람들, "내겐 꿈을 이룰 기회가 없을 지도 모르지만 내 아이들은, 내 손자들은 기회가 있을 것"이라고 말하는 여러분이 있기 때문입니다.

오늘 밤 우리가 이곳에 서있는 것은 그분들의 희생과 갈망, 변함없는 사랑 덕분입니다. 그분들이 몇 번이고 되풀이해서 공포와 의심을 이겨내고 힘겨운 일들을 해냈기 때문입니다.

chatter 수다, 재잘거림 / longing 갈망 / steadfast 변함없는

So today, when the challenges we face start to seem overwhelming – or even impossible – let us never forget that doing the impossible is the history of this nation.
It's who we are as Americans.
It's how this country was built.

And if our parents and grandparents could toil and struggle for us, if they could raise beams of steel to the sky, send a man to the moon, and connect the world with the touch of a button, then surely we can keep on sacrificing and building for our own kids and grandkids.

And if so many brave men and women could wear our country's uniform and sacrifice their lives for our most fundamental rights, then surely we can do our part as citizens of this great democracy to exercise those rights, surely, we can get to the polls and make our voices heard on Election Day.

그래서 오늘, 우리가 직면한 이 과제들이 너무 거대해 보이기 시작하고, 때론 해결하지 못할 것처럼 보이더라도, 불가능한 일을 해내는 것이 이 나라의 역사였다는 것을 잊어버리지 맙시다.
그것이 바로 미국인으로서의 우리 모습입니다.
그것이 바로 이 나라가 세워진 방식입니다.

또한 우리의 부모님과 조부모님들이 우리를 위해 힘들게 일하고 애쓰셨다면, 이들이 철골보를 하늘까지 올리고, 달에 사람을 보내고, 버튼 하나로 세상을 연결할 수 있었다면, 우리도 분명 우리 아이들과 손자들을 위해 그 희생정신과 개척정신을 이어갈 수 있습니다.

그토록 많은 용감한 사람들이 군복을 입고 우리의 가장 기본적인 권리를 위해 자신의 목숨을 바칠 수 있었다면, 우리도 분명 이 위대한 민주주의의 시민으로서 그 권리를 행사하기 위해 우리의 역할을 할 수 있습니다. 우리는 선거날, 투표장에 가서 우리의 목소리가 울려 퍼지게 할 수 있습니다.

overwhelming 압도적인, 너무도 강력한 / toil 힘들게[고생스럽게] 일하다

If farmers and blacksmiths could win independence from an empire, if immigrants could leave behind everything they knew for a better life on our shores, if women could be dragged to jail for seeking the vote, if a generation could defeat a depression, and define greatness for all time, if a young preacher could lift us to the mountaintop with his righteous dream, and if proud Americans can be who they are and boldly stand at the altar with who they love, then surely, surely we can give everyone in this country a fair chance at that great American Dream.

Because in the end, more than anything else, that is the story of this country – the story of unwavering hope grounded in unyielding struggle.
That is what has made my story, and Barack's story, and so many other American stories possible.

And I say all of this tonight not just as First Lady, and not just as a wife.
You see, at the end of the day, my most important title is still "mom-in-chief."
My daughters are still the heart of my heart and the center of my world.

농부와 대장장이들이 제국으로부터 독립을 쟁취할 수 있었다면, 이민자들이 미국에서의 더 나은 삶을 위해 정든 고향을 떠날 수 있었다면, 여성들이 투표권을 얻기 위해 투옥되는 것을 마다하지 않았다면, 한 세대만에 불황을 극복하고 영원히 위대함을 보여줄 수 있었다면, 젊은 설교자가 그의 고결한 꿈으로 우리를 높이 고양시킬 수 있었다면, 자랑스러운 미국인들이 자신의 모습 그대로 사랑하는 사람과 당당히 식장에 설 수 있다면, 그렇다면 분명히 우리는 이 땅의 모든 사람들에게 아메리칸 드림이라는 공정한 기회를 줄 수 있습니다.

왜냐하면 결국, 그것이 바로 이 나라의 역사, 불굴의 투쟁에 기반을 둔 희망의 역사이기 때문입니다.
그것이 바로 제 자신의 이야기이고 버락의 이야기이며, 수많은 미국인들의 이야기가 될 수 있습니다.

제가 오늘밤 말씀드린 모든 이야기는 단지 영부인으로서, 혹은 한 명의 아내로서 드린 말씀이 아닙니다.
아시다시피, 결국 제 가장 중요한 타이틀은 여전히 "최고의 엄마"입니다.
제 딸들은 제게 가장 소중하며 제 세상의 중심입니다.

blacksmith 대장장이 / shores (특히 해안을 끼고 있는) 국가[나라] / righteous 고결한 /
altar 제단 / in chief 최고의

But today, I have none of those worries from four years ago about whether Barack and I were doing what's best for our girls.

Because today, I know from experience that if I truly want to leave a better world for my daughters, and all our sons and daughters, if we want to give all our children a foundation for their dreams and opportunities worthy of their promise, if we want to give them that sense of limitless possibility – that belief that here in America, there is always something better out there if you're willing to work for it, then we must work like never before, and we must once again come together and stand together for the man we can trust to keep moving this great country forward.

My husband, our President, President Barack Obama.

Thank you, God bless you, and God bless America.

(4 September 2012)

하지만 이제 저는 4년 전 했던, 버락과 제가 아이들을 위해 최선의 일을 하고 있는지와 같은 걱정들을 하지 않습니다.

왜냐하면 이제 저는 경험을 통해 알기 때문입니다. 제 딸들과 모든 아들, 딸들에게 진정으로 더 나은 세상을 물려주고 싶다면, 우리가 우리 아이들에게 자신들의 가능성을 펼칠 수 있는 꿈과 기회의 토대를 물려주기를 원한다면, 자신이 기꺼이 하고자 한다면, 이곳 미국이 언제나 바깥세상보다 더할 나위 없이 좋다는 믿음, 그 무한한 가능성을 물려주기를 바란다면, 우리가 그 어느 때보다 열심히 노력해야 한다는 것을 말입니다. 그리고 우리는 다시 한 번 힘을 모아, 이 위대한 나라를 계속 전진시킬 수 있다고 믿을 수 있는 한 사람을 함께 지지해야 합니다.

그 사람은 바로 제 남편, 우리의 대통령, 오바마 대통령입니다.

감사합니다. 여러분에게 신의 축복이 있기를. 미국에 신의 축복이 있기를.

2012년 9월 4일

Park Geun-hye

Dresden Declaration

박근혜

드레스덴 선언

드레스덴은 독일이 분단되었던 당시, 서독 총리가 '통일은 독일 국민의 힘으로'라고 선언한 곳으로 의의가 큰 곳이다. 박근혜 대통령은 아버지가 찾았던 독일에 다시 한국의 대통령으로서 방문하여, 독일통일의 의의가 깊은 이곳 드레스덴에서 통일구상의 초석의 될 수 있는 여러 가지 방안을 제시하였다. 그러나 북한은 직접적으로 이 선언에 대해 반박하며, 사실상 거부 입장을 밝혔다.

Speech in Dresden

Professor Hans Mueller-Steinhagen,
former Prime Minister Lothar de Maiziere,
students and faculty members of the Dresden
University of Technology, ladies and gentlemen.

It is my great pleasure to visit this esteemed
German institute of higher learning.
It is also a unique privilege to receive an honorary
doctorate from a university where the presence of
history and tradition can be felt.

As the fastest-growing region in former East
Germany, Dresden is an iconic community that has
moved beyond division and toward integration.
The German people have transformed Dresden into
a city brimming with hope - where freedom and
abundance suffuse the air.

Those who reach beyond the confines of reality
and dream of a better world can draw strength and
inspiration from this city.

드레스덴 선언

존경하는 한스 뮐러 슈타인하겐 총장님과
드메지에르 전 총리님,
그리고 드레스덴 공대의 교직원과 학생 여러분!

독일의 명문 드레스덴 공대를 방문하게 되어 매우 기쁘게 생각합니다.
무엇보다 역사와 전통이 살아있는 드레스덴 공대에서 명예박사 학위를 받게 된 것을 영광스럽게 생각합니다.

이곳 드레스덴은 구동독에서 가장 빨리 발전한 지역으로 분단극복과 통합의 상징입니다.
독일 민족은 이곳 드레스덴을 자유로운 공기가 가득하고, 풍요로움이 넘쳐 나는 희망의 도시로 만들었습니다.

현실을 넘어, 더 나은 세상을 꿈꾸는 모든 이들에게 드레스덴은 용기와 영감의 원천이기도 합니다.

---

faculty member 교수진, 교직원 / esteemed 존경받는 / brim with ~으로 가득 차다 / suffuse 퍼지다, 번지다 / confines 한계, 범위 / strength (역경을 견디는) 힘, 용기

As I ponder on where a united Germany stands today and where the Korean Peninsula seems headed next year - namely 70 years of division - I find myself overwhelmed by the sheer weight of history.

We have a saying in Korea that the impact of education lasts for generations and beyond. Looking around your campus today, I am reminded of how a nation's future is often charted and shaped from the likes of Dresden University of Technology.

The words 'Knowledge builds bridges, education binds people' represent the educational vision of this university.
And I am sure it is a vision that will be lived out through the passionate strivings of its students and faculty alike, and will help usher in a brighter future.

As one who studied electronic engineering in college, I hold dear the belief that science and technology are the key to unlocking a nation's advancement.

저는 이곳 드레스덴에서 하나 된 독일의 오늘과 분단 70년을 앞
둔 한반도의 현실을 생각하면서, 역사의 무게를 느끼지 않을 수
없습니다.

한국 속담에 교육은 '백년대계'라는 말이 있습니다.
저는 오늘 드레스덴 공대를 둘러보며, 이곳이 바로 국가의 장래를
계획하고 만들어가는 곳이라는 생각이 들었습니다.

'지식이 다리를 잇고, 교육이 사람들을 하나로 묶는다'는 드레스
덴 공대의 교육이념이 드레스덴 공대 교직원과 학생 여러분의 열
정을 통해 구현되어서 더 나은 미래를 열어가는 디딤돌이 될 것이
라고 믿습니다.

저도 대학시절 전자공학을 공부한 공학도로서 과학기술이 국가발
전의 초석이자, 원동력이라는 확신을 갖고 있습니다.

sheer (크기·정도·양을 강조하여) 순전히 / chart 계획을 세우다 /
the likes of ~와 같은 부류 / usher in ~이 시작되게 하다

This is why I established the Ministry of Science, ICT and Future Planning early in my presidency and have been highlighting the importance of building a creative economy.

Ours is an era when the ingenuity and innovation of a single individual can move the world.
As we enter this new age, I am seeking to generate new business opportunities and jobs through creative endeavors and innovation; to breathe greater vitality and dynamism into the economy by marrying science and technology and ICT to existing industries.
This is what a creative economy is all about.

We will also strengthen collaboration among academia, industry and local communities - very much like what the City of Dresden has been doing - and provide the kind of support that enables a creative economy to spur local renewal and development.
I believe that in our efforts to make Korea's economy more creative, we will continue to find much to draw upon from the future evolution of Dresden and its colleges.

제가 한국의 대통령이 된 후 '미래창조과학부'를 새로 만들고, 창조경제의 중요성을 강조한 것도 바로 이런 이유에서였습니다.

지금 우리는 한 사람의 창의성과 혁신이 세계를 움직일 수 있는 시대에 살고 있습니다.
이런 새로운 시대에 저는 창조와 혁신을 통해 시장과 일자리를 창출하고, 과학기술과 ICT를 기존 산업과 결합하여 경제에 활력과 역동성을 불어넣고자 합니다.
그것이 창조경제입니다.

또한 드레스덴市와 같이 학교, 산업, 지역 간 협력을 강화하여 창조경제가 지역의 혁신과 발전을 견인할 수 있도록 지원해 나갈 것입니다.
앞으로도 드레스덴市와 대학의 발전은 창조경제를 향한 우리의 노력에도 중요한 참고가 될 것이라고 생각합니다.

Ministry of Science, ICT and Future Planning 미래창조과학부 / marry 결합시키다 / spur 자극하다, 박차를 가하다 / renewal 회복, 개선 / draw upon ~을 이용하다

Ladies and gentlemen.
Korea and Germany have long been bound by
special links.

Fifty years ago, Korea was among the poorest
nations in the world, with a per capita income of 87
dollars.
Many young Koreans fresh out of college came here
to Germany to earn money. They came as miners
and nurses and dedicated themselves to working in
the service of their homeland.
As much as Korea sought to lift its economy out of
poverty, no country was willing to offer loans to
a small nation in the northeast corner of Asia, let
alone to a divided one.

It was in those difficult and forlorn times that
Germany stepped up and provided 150 million
German Marks in loans, while also offering
advanced technology and vocational training
programs.
Germany's help would prove to be a huge boost to
Korea's subsequent modernization and economic
development.

여러분.
한국과 독일은 특별한 인연을 이어왔습니다.

50년 전 한국은 1인당 국민소득 87불의 세계에서 가장 가난한 나라 중 하나였습니다.
대학을 졸업한 많은 한국의 젊은이들이 돈을 벌기 위해 독일에 건너와 광부와 간호사로 조국을 위해 헌신적으로 일했습니다.
그 당시 가난을 극복하기 위해 경제개발을 하려고 해도 동북아의 작은 나라, 더욱이 남북으로 분단된 나라에 어느 나라도 돈을 빌려주려 하지 않았습니다.

그토록 어렵고 암울한 시기에 독일은 한국에게 차관 1억5천만 마르크를 제공하였고, 선진기술과 직업훈련 프로그램도 전수해 주었습니다.
이러한 독일의 도움은 한국의 근대화와 경제개발에 큰 힘이 되었습니다.

per capita 1인당 / fresh out of college 대학을 갓 졸업한 / forlorn 황량한, 버려진 /
vocational 직업과 관련된

The Korean president who visited Germany at the time felt that Germany's rise from the ashes of the Second World War and its Miracle on the Rhine were feats that could be replicated in Korea.

As he was driven on the autobahn and shown the steel mills of German industry, he became convinced that Korea too would need its own autobahn and its own steel industry to effect an economic take-off.

When that president sought to build expressways and steel mills upon his return to Korea, he was met with widespread resistance.
"What use is an expressway when we don't have cars? Building an expressway is a recipe for failure." "What's the point of a steel mill when we're struggling just to get by?"- went the argument.

그 당시 독일을 방문하셨던 한국의 대통령은 2차 대전의 폐허를 극복하고 라인강의 기적을 이룬 독일의 기적을 한국에서도 이룰 수 있다고 생각하셨습니다.

독일의 아우토반을 달리고, 독일의 철강 산업을 보면서 우리도 경제를 발전시키기 위해서는 아우토반과 같은 고속도로를 놓고, 철강 산업을 일으켜야 한다는 확신을 갖게 되셨습니다.

그 후 한국에 돌아가서 고속도로와 제철소를 만들려고 하자, "다닐 차도 없는데, 무슨 고속도로냐, 고속도로 건설은 실패할 것이다"는 반대에 부딪쳤고, "당장 먹을 것도 없는데 무슨 제철소냐"는 반대가 많았습니다.

feat 위업, 솜씨 / replicate 모사하다 / autobahn 아우토반(독일의 고속도로) / steel mill 제강소 / take-off 도약, 출발

But the highways that were eventually paved against such opposition became the solid bedrock on which the Korean economy would rise.

Those long stretches of concrete helped remove bottlenecks in the nation's distribution and logistical networks.

The steel and automobile industries which had thus begun, join the ranks of the top five, six players in the world today.

The desperate country that 50 years ago had been hard-pressed even to obtain loans, has now come of age as the 8th largest trading nation in the world and a major economic partner to Germany.

As President of grateful nation, I thank Germany once again for placing its confidence and trust in the Republic of Korea, helping us pull through those difficult years.

하지만 그런 반대에도 불구하고 건설된 고속도로는 이후 한국 경제성장에 탄탄한 기초가 되었습니다.
그 고속도로를 통해 물류와 유통의 숨통이 열렸습니다.

그리고 그렇게 시작한 철강과 자동차 산업은 지금 세계 5, 6위에 자리 잡고 있습니다.
50년 전 차관조차 받기 어려웠던 나라가 이제 세계 8위의 무역대국으로 성장하였고, 독일의 중요한 경제협력 파트너가 되었습니다.

저는 대한민국이 어려울 때 힘이 되어준 독일의 신뢰와 믿음에 대한민국 대통령으로서 다시 한 번 감사를 드립니다.

bedrock (튼튼한) 기반 / bottleneck 병목지역, 장애물 / logistical 물류 /
hard-pressed ~을 하는 데 애를 먹는 / come of age 성년이 되다, (무엇이) 발달한
상태가 되다 / pull through 헤쳐 나가다

Ladies and gentlemen,
Germans and Koreans get going when the going gets tough.
In the years following the Second World War, Germany and Korea both endured the pain of seeing their nation divided.
But instead of submitting to despair, Germans and Koreans alike marched forward with hope.

From lands ravaged by war, Germans and Koreans worked as hard as any to rebuild. They refused to let up their determination to pass on a better country to future generations.

Thus came the Miracle on the Rhine and the Miracle on the Han River some years later.
Germany would later go on to achieve unification, but Korea has yet to become whole again.
I believe that just as the Miracle on the Rhine was followed by the Miracle on the Han, so too, will unification in Germany be reenacted on the Korean Peninsula.

여러분,

독일인과 한국인은 '위기에 강한 국민'이라 생각합니다.

독일과 한국은 모두 2차 세계대전 후 나라가 둘로 나뉘는 아픔을 겪었습니다.

하지만, 양국 국민들은 암담한 현실에 좌절하기 보다는 희망을 향해 나아갔습니다.

전쟁 후 폐허가 된 땅에서 두 나라의 국민들은 누구보다 열심히 일했고, 후손들에게 더 나은 국가를 물려주겠다는 의지를 버리지 않았습니다.

그렇게 독일은 라인강의 기적을 이루었고, 한국은 뒤이어 한강의 기적을 이루었습니다.

그 후 독일은 통일을 이루었지만, 한국은 아직 통일을 이루지는 못했습니다.

저는 라인강의 기적이 한강의 기적으로 이어졌듯이, 독일 통일도 한반도의 통일로 이어질 것이라는 믿음을 갖고 있습니다.

submit to ～에 복종하다 / ravage 황폐하게 만들다 / let up 느슨하게 하다 / reenact 재현하다

I remember the bold courage of the German people as unification and integration unfolded. Even the Berlin Wall, which had seemed so insuperable, couldn't stop the longing for freedom and peace coming from both sides of the Wall.

Years of preparation by the people of East and West Germany eventually succeeded in turning the great dream of unification into reality and, ultimately, even transformed the future of Europe. A reunited Germany took its place at the heart of Europe.

The years since unification have seen Dresden emerge from a backwater into a world-class city known for its advanced science and technology. Other parts of the former East Germany also made huge strides forward.

저는 독일의 통일과 통합과정에서 독일인들의 담대한 용기를 기억합니다.
그토록 높아 보였던 베를린 장벽도 동서독 국민들의 자유와 평화에 대한 열정을 막지 못했습니다.

통일을 향한 동서독 주민들의 오랜 노력은 마침내 독일 통일이라는 큰 꿈을 이루게 했고, 나아가 유럽의 미래마저 바꾸었습니다.
통일된 독일은 유럽의 중심국가로 부상하였습니다.

통일 전 낙후된 지역 중 하나였던 이곳 드레스덴은 통일 후 세계적 첨단 과학 도시로 발전했고, 다른 구 동독지역들도 크게 발전했습니다.

longing 갈망, 열정 / backwater 후미진 곳

These are the images of one Germany that encourage those of us in Korea to cement our hope and our conviction that unification must also come on the Korean Peninsula.
I believe that the Republic of Korea will similarly reach ever greater heights after unification.

The northern half of the Korean Peninsula will also experience rapid development.
A unified Korea that is free from the fear of war and nuclear weapons will be well positioned to make larger contributions to dealing with a wide range of global issues like international peace-keeping, nuclear non-proliferation, environment and energy, and development.

Furthermore, as a new distribution hub linking the Pacific and Eurasia, it is bound to benefit the economies of East Asia and the rest of the world.

이러한 통일독일의 모습은 우리 대한민국에게 한반도에도 통일시대를 반드시 열어야 한다는 희망과 의지를 다지도록 하는 힘이 되고 있습니다.

저는 대한민국도 통일 이후에 더욱 도약할 것이라 생각합니다.

북한지역 역시 급속히 발전할 것이고, 전쟁과 핵무기의 공포에서 벗어난 통일한국은 국제평화유지와 핵 비확산, 환경과 에너지, 개발 등 다양한 글로벌 이슈에서 세계에 더 큰 기여를 할 수 있을 것입니다.

또한 태평양과 유라시아를 연결하는 새로운 물류의 허브로서 동아시아와 세계의 경제에 이바지하게 될 것이라 저는 확신합니다.

Ladies and gentlemen,

It pained me to see a recent footage of North Korean boys and girls in the foreign media.

Children who lost their parents in the midst of economic distress were left neglected out in the cold, struggling from hunger.

Even as we speak, there are North Koreans who are risking their lives to cross the border in search of freedom and happiness.

The agony inflicted by division is also captured by the plight of countless people who were separated from their families during the war and who have ever since been yearning to see their loved ones without even knowing whether they were still alive.

Just as the German people secured freedom, prosperity and peace by tearing down the Berlin Wall, we too, must tear down barriers in our march toward a new future on the Korean Peninsula.

여러분,
저는 최근 외신보도를 통해 북한 아이들의 모습을 보고 가슴이
아팠습니다.
경제난 속에 부모를 잃은 아이들은 거리에 방치되어 있었고, 추위
속에서 배고픔을 견뎌내고 있었습니다.

지금 이 시각에도 자유와 행복을 위해 목숨을 걸고 국경을 넘는
탈북자들이 있습니다.

또한 전쟁 중 가족과 헤어진 후 아직 생사도 모른 채, 다시 만날 날
만 손꼽아 기다리는 수많은 남북 이산가족들 역시 분단의 아픔을
고스란히 보여주고 있습니다.

독일 국민이 베를린 장벽을 무너뜨리고 자유와 번영, 평화를 이루
어냈듯이, 이제 한반도에서도 새로운 미래를 열어가기 위해 장벽
을 무너뜨려야 합니다.

footage 장면 / agony 고통, 괴로움 / inflict 가하다, 안기다 / plight 역경 /
ever since 이후로 줄곧

Today, a 'wall of military confrontation' runs through the center of the Peninsula.

A 'wall of distrust' has also been erected during the war and the ensuing decades of hostility.

Formidable still is a 'socio-cultural wall' that divides southerners and northeners who have long lived under vastly different ideologies and systems in terms of how they think and live.

Then there is a 'wall of isolation' imposed by North Korea's nuclear program, cutting North Korea off from the community of nations.

All of these curtains must be swept away if we are to unite the Korean Peninsula.
And in their place we must build a 'new kind of Korean Peninsula:' a peninsula free of nuclear weapons, free from the fear of war, and free to enjoy life, peace and prosperity.

지금 남북한 간에는 한반도의 허리를 가르고 있는 '군사적 대결의 장벽'이 있습니다.

전쟁과 그 이후 지속된 대결, 대립으로 '불신의 장벽'도 쌓였습니다.

서로 다른 이념과 체제 속에 오랜 기간 살아온 남북한 주민의 사고방식과 삶의 방식 사이에 놓인 '사회 문화적 장벽'도 높습니다.

북한의 핵개발로 인해 국제사회와 북한 간에 조성된 '단절과 고립의 장벽'도 있습니다.

한반도의 통일을 위해서는 이런 모든 장벽들을 허물어야 합니다.
그리고 그 자리에 '새로운 한반도'를 건설해야 합니다.
핵무기와 전쟁의 공포로부터 자유로운 한반도, 자유와 평화, 번영이 넘치는 한반도를 건설해야 합니다.

confrontation 대결, 대치 / ensuing 뒤이은

Ladies and gentlemen, I harbor no illusions that these tremendous barriers could be torn down with ease.
But the future belongs to those who believe in their dreams and act on them.
To make today's dream of peaceful unification tomorrow's reality, we must begin meticulous preparations now.

Nor do I believe that a nation is made whole again simply by virtue of a reconnected territory or the institution of a single system.
It is when those in the south and the north can understand each other and can get along as people of the same nation, that the Korean Peninsula can truly experience renewal as one.

In my view, Germany was able to overcome the after-shocks of unification fairly quickly and achieve the level of integration we see today because of the sustained people-to-people interaction that took place prior to unification.

여러분, 저는 현실적으로 이렇게 거대한 분단의 벽을 쉽게 무너뜨릴 수는 없다고 생각합니다.
그러나 미래는 꿈꾸고 준비하는 자의 몫입니다.
한반도의 평화통일이라는 꿈을 이루기 위해서는 지금부터 하나하나 준비해 나가야 한다고 생각합니다.

저는 통일이 단순히 하나의 영토, 하나의 체제를 만든다고 이루어지는 것은 아니라고 봅니다.
통일된 나라에서 같이 살아갈 남북한 주민이 서로를 이해하고 한데 어울릴 수 있어야 한반도가 진정 새로운 하나로 거듭날 수 있을 것입니다.

독일도 통일 이전 동서독 주민간에 지속적인 교류가 있었기에 통일 직후 후유증을 빠르게 극복하고 현재와 같이 통합된 독일을 만들 수 있었다고 생각합니다.

---

harbor (계획·생각 등을) 품다 / meticulous 꼼꼼한, 세심한 / by virtue of ~에 의해서 / after-shock (큰 지진 후의) 여진 / sustained 지속된

Now more than ever, South and North Korea must broaden their exchange and cooperation.

What we need is not one-off or promotional events, but the kind of interaction and cooperation that enables ordinary South Koreans and North Koreans to recover a sense of common identity as they help each other out.

And so I hereby present three proposals to North Korean authorities in the hope of laying the groundwork for peaceful unification.

First, we must take up the agenda for humanity - the concerns of everyday people.

For a start, we must help ease the agony of separated families.

It makes little sense to talk about solidarity as one nation, when members of the same family are refused their god-given right to live together.

It has been 70 long years.

Last year alone, some three thousand eight hundred people who have yearned a lifetime just to be able to hold their sons' and daughters' hands - just to know whether they're alive - passed away with their unfulfilled dreams.

이제 남북한은 교류협력을 확대해가야 합니다.

일회성이나 이벤트 식 교류가 아니라, 남북한 주민들이 서로에게 도움을 주면서 동질성을 회복할 수 있는 교류협력이 필요합니다.

저는 이 자리에서 평화통일의 기반을 만들기 위해 북한 당국에게 세 가지 제안을 하고자 합니다.

첫째, 남북한 주민들의 인도적 문제부터 해결해 가야 합니다.

먼저 분단으로 상처받은 이산가족들의 아픔부터 덜어야 합니다.

당연히 함께 살아야 할 가족 간의 만남조차 외면하면서 민족을 말할 수는 없습니다.

내년이면 헤어진 지 70년입니다.

평생 아들딸의 손이라도 한번 잡아보고, 가족들의 안부라도 확인할 수 있기를 간절히 원하면서 기다리다가 작년에만 한국에서 3천 8백여 명의 이산가족이 돌아가셨습니다.

one-off 단 한 번의 / help out (특히 곤경에 처한 ~를) 도와주다 / groundwork 준비[기초] 작업 / solidarity 결속

I am sure the same is true of their fellow family members in North Korea.
Allowing reunions should also give family members in North Korea solace.

In order to address problems arising from family separations, East and West Germany permitted family visits in both directions and steadily promoted exchanges.
It is about time South and North Korea allow family reunions to take place regularly so we could ease their anguish and build trust in doing so.

We will reach out to North Korea to discuss concrete ways to achieve this and engage in necessary consultations with international bodies like the International Committee of the Red Cross.
Going forward, the Republic of Korea will expand humanitarian assistance to ordinary North Koreans.

북한에 살고 있는 이산가족들의 사정도 크게 다르지 않을 것입니다.

이것은 북한측 이산가족들의 한을 풀어주는 일이기도 합니다.

과거 동서독은 이산가족 등 분단의 문제를 해소하기 위해 상호 방문을 허용했고, 꾸준한 교류를 시행했습니다.

남북한도 이제는 이산가족 상봉의 정례화 등으로 가족들의 한을 풀고 동시에 남북 간에 신뢰를 쌓는 길에 나서야 합니다.

한국은 이를 위한 구체적인 방안을 북한측과 협의해나갈 것이며, 국제적십자위원회와 같은 국제기관과도 필요한 협의를 할 것입니다.

앞으로 한국은 북한 주민들에 대한 인도적 차원의 지원을 확대해나갈 것입니다.

solace 위로 / anguish 괴로움, 비통 / International Committee of the Red Cross 국제 적십자위원회

The Korean Government will work with the United Nations to implement a program to provide health care support for pregnant mothers and infants in North Korea through their first 1,000 days. Furthermore, we will provide assistance for North Korean children so they could grow up to become healthy partners in our journey toward a unified future.

Second, we must pursue together an agenda for co-prosperity through the building of infrastructure that support the livelihood of people.

South and North Korea should collaborate to set up multi-farming complexes that support agriculture, livestock and forestry in areas in the north suffering from backward production and deforestation. Working together from sowing to harvesting will enable South and North Korea not just to share the fruits of our labor, but also our hearts.

As the bonds of trust begin to burgeon between the two sides, we can start to look at larger forms of development cooperation.

UN과 함께 임신부터 2세까지 북한의 산모와 유아에게 영양과 보건을 지원하는 '모자패키지(1,000days) 사업'을 펼칠 것입니다. 나아가 북한의 어린이들이 건강하게 성장해 한반도의 통일 미래를 함께 열어갈 수 있도록 지원할 것입니다.

둘째, 남북한 공동번영을 위한 민생 인프라를 함께 구축해 나가야 합니다.

농업생산의 부진과 산림의 황폐화로 고통 받는 북한 지역에 농업, 축산, 그리고 산림을 함께 개발하는 '복합농촌단지'를 조성하기 위해 남북한이 힘을 합해야 합니다.
씨뿌리기에서부터 추수까지 전 과정에서 남북한이 협력한다면, 그 수확물뿐만 아니라, 서로의 마음까지 나눌 수 있을 것입니다.

남북 간에 신뢰가 쌓여감에 따라 앞으로 보다 큰 규모의 경제협력도 추진할 수 있을 것입니다.

deforestation 산림 파괴 / burgeon 급증하다

To help make life less uncomfortable for ordinary North Koreans, Korea could invest in infrastructure-building projects where possible, such as in transportation and telecommunication. Should North Korea allow South Korea to develop its natural resources, the benefits would accrue to both halves of the peninsula.

This would organically combine South Korean capital and technology with North Korean resources and labor and redound to the eventual formation of an economic community on the Korean Peninsula.

In tandem with trilateral projects among the two Koreas and Russia, including the Rajin-Khasan joint project currently in the works, we will push forward collaborative projects involving both Koreas and China centered on the North Korean city of Shinuiju, among others.
These will help promote shared development on the Korean Peninsula and in Northeast Asia.

한국은 북한 주민들의 편익을 도모하기 위해 교통, 통신 등 가능한 부분의 인프라 건설에 투자하고, 북한은 한국에게 지하자원 개발을 할 수 있도록 한다면, 남북한 모두 혜택을 받을 수 있을 것입니다.

이는 한국의 자본·기술과 북한의 자원·노동이 유기적으로 결합하는 것을 의미하며, 장차 한반도 경제공동체 건설에 기여할 수 있을 것입니다.

현재 추진 중인 나진·하산 물류사업 등 남북러 3개국 간 협력사업과 함께, 북한의 신의주 등을 중심으로 남·북·중 협력 사업을 추진할 것입니다.
이러한 사업으로 한반도와 동북아의 공동발전을 이뤄갈 것입니다.

accrue to ~에 생기다 / organically 유기적으로 / redound 이바지하다 / in tandem with ~와 동시에, 나란히

The international community also needs to take greater interest in getting involved if development projects in North Korea are to proceed more efficiently.

I call on those NGOs from Germany and Europe which have extensive experience working with North Korea on agricultural projects and forestry to join us. I also hereby ask international organizations like the United Nations and the World Bank for their support and cooperation.

Third, we must advance an agenda for integration between the people of South and North Korea.

As the state of division persists year after year, the language, culture and living habits of the two sides continue to diverge.

If there is to be real connection and integration between the south and the north, we must narrow the distance between our values and our thinking.

대북 개발협력 사업을 효율적으로 추진하기 위해서는 국제사회의 관심과 협력이 필요합니다.
북한과의 농업 및 산림사업 경험이 많은 독일 및 유럽의 NGO 등의 동참, 그리고 UN, World Bank 등 국제기구의 지원과 협력을 부탁드립니다.

셋째, 남북 주민 간 동질성 회복에 나서야 합니다.

분단의 세월이 길어지면서, 현재 남북한 간에는 언어와 문화, 생활양식마저 달라지고 있습니다.
남북한 간 진정한 소통과 통합을 위해서는 가치관과 사고방식의 차이를 줄여야 합니다.

diverge 나뉘다, 갈리다

To achieve this, those from the south and the north must be afforded the chance to interact routinely. We will encourage exchanges in historical research and preservation, culture and the arts, and sports - all of which could promote genuine people-to-people contact - rather than seek politically-motivated projects or promotional events.

Should North Korea so desire, we would be happy to partner with the international community to share our experience in economic management and developing special economic zones, and to provide systematic education and training opportunities relating to finance, tax administration and statistics. We could also look at jointly developing educational programs to teach future generations and cultivate talent, for it is in them that the long-term engines to propel a unified Korean Peninsula forward will be found.

I hereby propose to North Korea that we jointly establish an 'inter-Korean exchange and cooperation office' that would be tasked to realize these ideas.

이를 위해서는 무엇보다 남북한 주민이 자주 만날 수 있는 기회를 만들어야 합니다.

정치적 목적의 사업, 이벤트성 사업보다는 순수 민간 접촉이 꾸준히 확대될 수 있는 역사연구와 보전, 문화예술, 스포츠 교류 등을 장려해 나갈 것입니다.

북한이 원한다면, 국제사회와 함께 경제운용과 경제특구 개발 관련 경험, 금융, 조세 관리, 통계 등에 관한 체계적인 교육과 훈련도 지원해 나갈 것입니다.

장기적으로 통일 한반도의 성장 동력이 될 미래세대를 가르치고 인재를 키우기 위한 교육프로그램도 공동 개발할 수 있을 것입니다.

저는 이런 제안을 남북한이 함께 실현할 수 있도록 '남북교류협력사무소' 설치를 북측에 제안하고자 합니다.

Ladies and gentlemen,

The armistice line bisecting the peninsula and the demilitarized zone, which is in fact the most militarized stretch of real estate on the planet, best epitomize the reality of our division today.

My hope is to see South and North Korea, together with the United nations, moving to build an international peace park inside the DMZ.

By clearing barbed-wire fences and mines from parcels of the DMZ, we can start to create a zone of life and peace.

This international peace park will presage the replacement of tension with peace on the DMZ, division with unification, and conflict in Northeast Asia with harmony.

If South and North Korea could shift the adversarial paradigm that exists today, build a railway that runs through the DMZ and connect Asia and Europe, we will see the makings of a genuine 21st century silk road across Eurasia and be able to prosper together.

내외 귀빈 여러분,
현재 분단된 한반도를 가장 상징적으로 보여주는 곳이 남북한을 가로지르는 휴전선과 그 사이에 있는, 세계에서 가장 중무장된 비무장지대(DMZ)라고 생각합니다.

저는 바로 그곳에 남북한과 UN이 함께 세계평화공원을 조성했으면 합니다.
DMZ의 작은 지역에서부터 철조망과 지뢰를 걷어내고 생명과 평화의 공간을 만들어 가길 희망합니다.
DMZ 세계평화공원은 DMZ 긴장을 평화로, 한반도의 분단을 통일로, 동아시아의 갈등을 화합으로 이끄는 출발점이 될 것입니다.

남북한이 기존의 대결 패러다임을 바꿔서 DMZ를 관통하는 유라시아 철길을 연다면, 남북한을 포함하여 아시아와 유럽을 진정한 하나의 대륙으로 연결하는 21세기 실크로드가 될 것이고, 함께 발전할 수 있게 될 것입니다.

armistice line 휴전선 / bisect 양분하다 / demilitarized zone 비무장지대 / militarized 무장을 한 / epitomize 전형적으로 보여주다 / barbed-wire fence (군사) 철조망 담 / mine 지뢰 / parcel (땅의) 구획 / presage 전조가 되다 / adversarial 서로 대립 관계에 있는

North Korea must choose the path to denuclearization so we could embark without delay on the work that needs to be done for a unified Korean Peninsula.

I hope North Korea abandons its nuclear aspirations and returns to the Six Party Talks with a sincere willingness to resolve the nuclear issue so it could look after its own people.

Should North Korea make the strategic decision to forgo its nuclear program, South Korea would correspondingly be the first to offer its active support, including for its much needed membership in international financial institutions and attracting international investments.

If deemed necessary, we can seek to create a Northeast Asia Development Bank with regional neighbors to spur economic development in North Korea and in surrounding areas.

하나 된 한반도를 만들기 위한 이런 노력이 하루 빨리 이루어질 수 있도록 북한은 비핵화로 나아가야 합니다.

북한이 핵문제 해결에 대한 진정성 있는 자세로 6자회담에 복귀하고 핵을 포기하여 진정 북한 주민들의 삶을 돌보기 바랍니다.

북한이 핵을 버리는 결단을 한다면, 이에 상응하여 북한에게 필요한 국제금융기구 가입 및 국제투자 유치를 우리가 나서서 적극 지원하겠습니다.

필요하다면 주변국 등과 함께 동북아개발은행을 만들어 북한의 경제개발과 주변지역의 경제개발을 도모할 수 있을 것입니다.

embark on ~에 착수하다 / forgo 포기하다 / spur 박차를 가하다

We could also build on the Northeast Asia Peace and Cooperation Initiative to address North Korea's security concerns through a multilateral peace and security system in Northeast Asia.

Here lies the road to shared prosperity between South and North Korea and here lies the path to peace and prosperity in Northeast Asia.

Korea will aspire to a unification that promotes harmony with its neighbors, that is embraced by the community of nations, and that serves the cause of the international community.

With a view to ushering in an era peaceful unification on the Korean Peninsula, I will soon be launching a committee to prepare for unification - one that reports directly to me as president.

People from inside and outside the government will come together through this committee to muster our collective wisdom as we more fully prepare for the process of unification and integration.

우리는 동북아 평화협력구상을 발전시켜 북한의 안보우려도 다룰 수 있는 동북아 다자안보 협의체를 추진해 나갈 수 있을 것입니다.

이는 남북한이 같이 번영하는 길이며, 동북아의 번영과 평화를 가져오는 길이 될 것이라 확신합니다.

한국은 주변국과 조화롭고, 국제사회로부터 환영받으며 국제사회에 기여하는 통일을 추진하려고 합니다.

이런 한반도 평화통일 시대를 본격적으로 열어가기 위해 저는 곧 대통령 직속의 "통일준비위원회"를 출범시킬 것입니다.

여기서 정부와 민간이 머리를 맞대고 지혜를 모아 통일과정과 통합과정을 착실하게 준비하고자 합니다.

with a view to ~할 목적으로 / muster 모으다

Citizens and students of Dresden,
Human history has been an incessant march
towards justice and towards peace.
Just as Germany turned the great wheels of history
forward from the western end of Eurasia, a new
chapter in mankind's progress will start from its
eastern tip, namely the Korean Peninsula.

Just as German unification represented the
inexorable tide of history, I believe that Korean
unification is a matter of historical inevitability.
For nothing can repress the human yearning for
dignity, freedom and prosperity.

Today I stand behind this podium and observe the
faces of young German students bound together
by an impassioned quest for truth. And as I do so,
I am also picturing the day when young students
from both halves of a unified Korean Peninsula are
studying side by side and nurturing their dreams
together.

드레스덴 시민과 학생 여러분,
인류의 역사는 정의와 평화를 향해 끊임없이 전진해왔습니다.
독일이 유라시아 대륙 서쪽 끝에서 위대한 역사의 진보를 이루었
듯이 인류 역사의 또 하나의 진전이 동쪽 끝 한반도에서 이루어
질 것입니다.

저는 독일 통일이 역사적 필연이듯이, 한국의 통일도 역사적 필연
이라고 확신합니다.
인간의 존엄, 자유와 번영을 향한 열망은 그 무엇으로도 억압할
수 없기 때문입니다.

저는 오늘 드레스덴 공대의 교정에서 연구에 대한 열정으로 하나
된 독일의 젊은이들을 바라보며, 남북한 청년들이 통일된 한반도
에서 함께 공부하며 자신들의 꿈을 키워나갈 수 있는 날을 상상
해 보았습니다.

incessant 끊임없는 / inexorable 멈출 수 없는 / inevitability 필연성 / repress
억압하다 / podium 단, 지휘대 / impassioned 열정적인

Mark my words - that day will come.
And when that day arrives, young people from
Germany, from the whole of Korea and from all
over the world, will exchange their vision of a better
world as they travel back and forth between Asia
and Europe through a Eurasian railway.

I ask our friends here in Germany to join us on this
journey to peaceful unification.

'Wir sind ein Volk!'
The day will soon come when these powerful words
that united the people of East and West Germany
echoes across the Korean Peninsula.

In closing, may a prosperous future await our true
friends here in Germany and here at the Dresden
University of Technology.
Thank you.

(25 March 2014)

그 날이 반드시 오도록 할 것입니다.
그 날엔 독일과 한반도의 젊은이들, 세계의 젊은이들이 유라시아 열차로 아시아와 유럽을 자유로이 넘나들며 보다 더 나은 세계를 건설하기 위한 비전을 함께 나눌 수 있을 것입니다.

평화통일로 가는 여정에 독일인 친구 여러분들이 함께해 주시기 바랍니다.

'Wir sind ein Volk!(우리는 한 민족이다)'
통일 직후 동서독 주민들이 하나 되어 부른 뜨거운 외침이 평화통일의 날, 한반도에서도 꼭 울려 퍼질 것이라고 믿습니다.

끝으로, 한국의 진정한 친구 독일과 드레스덴 대학의 앞날에 무궁한 발전이 함께하기를 바랍니다.
감사합니다.

2014년 3월 25일

await 기다리다

Condoleezza Rice

Republican National Convention

콘돌리자 라이스

전당대회 연설

2012년 8월, 미국 공화당은 플로리다주(州) 탬파에서 전당대회를 개최했다. '더 나은 미래A Better Future'를 주제로 나흘간 열린 공화당 전당대회에는 2,286명의 대의원과 당원 등 수만 명이 참석했다. 콘돌리자 라이스는 공화 전대 의제에서 상대적으로 홀대를 받은 외교정책에 초점을 맞춰 연설했다. 롬니-라이언 홍보에 앞장서는 라이스는 연설도중 오바마 대통령 이름을 한 번도 부르지 않았으며 오바마 행정부를 비판할 때도 덜 자극적인 용어를 구사해 가장 당파성을 안 띤 연설이라는 평가를 받았다.

Speech at the Republican National Convention

Thank you so much. Good evening.
Good evening, distinguished delegates.
Good evening, fellow Republicans.
Good evening, my fellow Americans.
We gather here at a time of significance and
challenge.

This young century has been a difficult one.
I can remember as if it were yesterday when my
young assistants came into my office at the White
House to say that a plane had hit the World Trade
Center, and then, a second plane, and then a third
plane, the Pentagon.
And later, we would learn that a plane had crashed
into a field in Pennsylvania, driven into the ground
by brave souls who died so that others might live.

From that day on, our sense of vulnerability and our
concepts of security were never the same again.
Then, in 2008, the global financial and economic
crisis would stun us.

전당대회 연설

대단히 감사합니다. 안녕하십니까.
안녕하세요, 고귀하신 대표자 여러분.
안녕하세요, 동료 공화당원 여러분.
안녕하세요, 국민 여러분.
우리는 이 중대하고 도전적인 시기에 이 자리에 모였습니다.

이번 세기 초반에는 큰 난관을 겪기도 했습니다.
저는 제 어린 보조원이 백악관의 제 사무실로 들어와 비행기 한 대
가 세계무역센터에 충돌했고 두 번째 비행기가 연이어 충돌한 후,
세 번째 비행기가 국방부 건물과 충돌했다고 말한 때를 마치 어제
일처럼 기억합니다.
이후 우리는 땅에 곤두박질 쳐 펜실베이니아의 들판에 추락한 비
행기는 다른 사람의 생명을 살리기 위해 희생한 용감한 사람들 덕
분이었다는 것을 알았습니다.

그날 이후, 우리가 취약성을 받아들이는 자세와 안보의 개념이 완
전히 바뀌었습니다.
그리고 2008년, 세계 금융 경제위기에 우리는 망연자실했습니다.

delegate 대표(자) / Republican 공화당원 / vulnerability 취약성 / stun
망연자실하게 만들다

And it still reverberates as we deal with unemployment and economic uncertainty and bad policies that cast a pall over an American economy and a recovery that is desperately needed at home and abroad.

And we have seen that the desire for liberty and freedom is, indeed, universal, as men and women in the Middle East rise up to seize it.

Yet, the promise of the Arab spring is engulfed in uncertainty; internal strife, and hostile neighbors are challenging the fragile democracy in Iraq; dictators in Iran and Syria butcher their people and threat to regional security; China and Russia prevent a response; and all wonder, "Where does America stand?"

Indeed that is the question of the moment: "Where does America stand?"
When our friends and our foes, alike, do not know the answer to that question, clearly and unambiguously, the world is a chaotic and dangerous place.

그리고 그 위기는 실업과 경제적 불안정, 그리고 국내외적으로 절실히 필요한 미국 경제와 회복에 어두운 그림자를 드리우는 잘못된 정책이 겹치면서 여전히 반향을 일으키고 있습니다.

또한 중동 사람들이 자유를 얻기 위해 들고 일어섰을 때, 우리는 자유에 대한 갈망이 사실 전 인류적이라는 것을 알았습니다.

그러나 아랍의 봄(Arab spring)의 약속은 불확실한 상태입니다. 내분과 적대적인 이웃 국가들은 허술한 이라크의 민주주의를 시험하고 있습니다.
이란과 시리아의 독재자들이 자국민들을 학살하고 지역안보를 위협하고 있습니다.
중국과 러시아는 아무 대응도 하지 않고 있습니다. 또한 미국의 입장은 과연 무엇인지 모든 사람들이 의아해합니다.

사실 이것은 현재 가장 중요한 질문입니다.
"미국의 입장은 무엇입니까?"
우리의 우방국과 적국이 똑같이 이 질문에 분명하고 명료하게 대답하지 못한다면, 세계는 혼돈에 빠진 위험한 곳이 될 것입니다.

---

reverberate 반향을 불러일으키다 / cast a pall over ～을 덮다. ～에 어두운 그림자를 드리우다 / desperately 몹시. 필사적으로 / Arab spring 아랍의 봄(전례가 없는 시위운동 및 혁명의 물결로, 2010년 12월 이래 중동과 북아프리카에서 일어난 반정부 시위들) / engulf 완전히 에워싸다. 휩싸다 / dictator 독재자 / butcher 학살하다 / of the moment 현재 가장 중요한 / unambiguously 명료하게 / chaotic 혼란 상태인

The U.S. has since the end of World War II had an answer.

We stand for free peoples and free markets, we are willing to support and defend them.

We will sustain a balance of power that favors freedom.

To be sure, the burdens of leadership have been heavy.

I, like you, know the sacrifices that Americans have made – yes including the ultimate sacrifice of many of our bravest.

Yet our armed forces remain the sure foundation of liberty.

We are fortunate to have men and women who volunteer – they volunteer to defend us on the front lines of freedom.

And we owe them our eternal gratitude.

미국은 2차 세계대전이 끝난 후 그 대답을 찾았습니다.
미국은 자유민과 자유 시장의 편에 서서 기꺼이 이를 지지하고 수호할 것입니다.
우리는 자유를 촉진하는 힘의 균형을 유지할 것입니다.

확실히, 리더라는 자리의 짐은 무거웠습니다.
여러분과 마찬가지로 저도 많은 용자들의 궁극적인 희생을 포함해 미국이 치른 희생에 대해 알고 있습니다.

그러나 우리 군대는 여전히 자유를 위한 확실한 기반입니다.
군에 지원한 분들이 계셔서 참 다행입니다. 이들은 자진해서 자유의 최전선에서 미국을 지키고 있습니다.
그리고 우리는 한없는 감사의 마음을 이들에게 빚지고 있습니다.

fortunate 운 좋은, 다행한 / eternal 영원한, 끊임없는

I know too that it has not always been easy – though it has been rewarding – to speak up for those who would otherwise be without a voice – the religious dissident in China; the democracy advocate in Venezuela; the political prisoner in Iran.

It has been hard to muster the resources to support fledgling democracies, or to help the world's most desperate – the AIDS orphan in Uganda, the refugee fleeing Zimbabwe, the young woman who has been trafficked into the sex trade in Southeast Asia; the world's poorest in Haiti.

Yet this assistance, together with the compassionate works of private charities – people of conscience and people of faith – has shown the soul of our country.

And I know too that there is weariness, a sense that we have carried these burdens long enough.

저는 또한, 예를 들면 중국의 종교적 반체제 인사나 베네수엘라의 민주주의 지지자, 이란의 정치범과 같이 목소리를 내지 않을 이들을 위해 목소리를 높이는 것이 비록 보람 있는 일이긴 하지만 항상 쉬운 것은 아니었음을 알고 있습니다.

초보 민주주의 국가들을 지원하기 위해 또는 세계의 가장 절박한 사람들, 이를테면 우간다의 에이즈 고아들이나 짐바브웨를 떠난 난민들, 성매매로 팔려간 동남아시아의 젊은 여성들, 세상에서 가장 빈곤한 아이티 사람들을 돕기 위해 자원을 모으는 것은 힘든 일이었습니다.

그러나 이러한 원조는 양심과 신념이 있는 사람들로 구성된 민간 자선단체의 인정어린 작업과 함께 우리나라의 정신을 보여주었습니다.

또한 저는 우리가 충분히 오랫동안 지고 온 이 짐에 지쳐 있다는 것도 알고 있습니다.

---

rewarding 보람 있는 / dissident 반체제 인사 / muster 모으다, 소집하다 / fledgling 초보자 / flee 달아나다 / compassionate 연민 어린, 동정하는

But if we are not inspired to lead again, one of
two things will happen – no one will lead and that
will foster chaos — or others who do not share our
values will fill the vacuum.
My fellow Americans, we do not have a choice.
We cannot be reluctant to lead, and one cannot lead
from behind.

Mitt Romney and Paul Ryan understand this reality,
that our leadership abroad and our well being at
home are inextricably linked.
They know what needs to be done.
Our friends and allies must be able to trust us.
From Israel to Poland to the Philippines to Colombia
and across the world, they must know that we are
reliable and consistent and determined.

And our adversaries must have no reason to doubt
our resolve, because peace really does come
through strength.
Our military capability and technological advantage
will be safe in Mitt Romney and Paul Ryan's hands.

하지만 우리가 다시 세상을 이끌 생각을 하지 않는다면 발생할 일은 둘 중 하나입니다. 아무도 이끌지 않고 혼돈이 조성되거나 우리의 가치를 공유하지 않는 사람들이 빈자리를 채울 것입니다.
미국 국민여러분, 우리에게는 선택의 여지가 없습니다.
우리는 마지못해 이끌 수 없으며 뒤에서 이끌 수도 없습니다.

Mitt Romney와 Paul Ryan은 우리의 대외 지도력과 국내의 안녕이 불가분 관련되어 있다는 이러한 현실을 이해하고 있습니다.
이들은 해야 할 일을 알고 있습니다.
우리의 우방국과 동맹국이 우리를 신뢰할 수 있어야 합니다.
이스라엘에서 폴란드, 필리핀, 콜롬비아에 이르기까지 전 세계 많은 나라들이 우리가 믿을 만하고 한결같으며 의지가 확고하다는 것을 알게 해야 합니다.

또한 우리의 적국이 우리의 결의를 의심할 이유가 없을 것입니다.
왜냐하면 평화란 사실 힘에서 나오기 때문입니다.
미국의 군사력과 기술적 이점은 Mitt Romney와 Paul Ryan의 지휘 하에서 안전할 것입니다.

---

foster 조성하다 / reluctant 꺼리는, 주저하는 / inextricably 불가분하게 / consistent 한결같은 / resolve 결의, 결심

We must work for an open global economy and pursue free and fair trade to grow our exports and our influence abroad.

In the last years, the United States has ratified three trade agreements, all negotiated in the Bush Administration.

If you are concerned about China's rise, consider this fact – China has signed 15 Free Trade Agreements and is negotiating 20 more.

Sadly we are abandoning the playing field of free trade and it will come back to haunt us.

We must not allow the chance to attain energy independence to slip from our grasp.

We have a great gift of oil and gas reserves here in North America that must be and can be developed while protecting our environment.

And we have the ingenuity in the private sector to tap alternative sources of energy.

And most importantly, Mitt Romney and Paul Ryan will rebuild the foundation of American strength, our economy, stimulating private sector led growth and small business entrepreneurship.

우리는 미국의 수출 및 해외의 영향력을 성장시키기 위해 세계 개방경제를 지향하고 자유 공정무역을 추구해야 합니다.
지난 몇 년간 미국은 세 개의 무역협정을 비준했으며, 모두 부시 행정부가 타결한 것입니다.

중국의 상승세에 관심을 갖고 계시다면, 중국이 15개 자유무역협정에 서명했으며 추가로 20개의 협정을 협상 중에 있다는 사실에 주목해 주십시오.
안타깝게도 우리는 자유무역이라는 경쟁의 장을 포기하고 있으며, 이것은 골칫거리로 대두될 것입니다.

우리는 에너지 자립을 이룰 기회를 포기해서는 안 됩니다.
우리는 이곳 북아메리카에 기름과 가스 매장량에 있어 크나큰 선물을 받았기에, 환경을 보호하는 동시에 이것을 개발해야 하며 또 개발할 수 있습니다.
또한 우리는 민간 부문에서 대체에너지를 이용할 수 있는 비상한 능력도 가지고 있습니다.

그러나 가장 중요한 것은 Mitt Romney와 Paul Ryan이 민간부문이 주도한 성장과 소기업 활동을 자극하여 미국 힘의 근간인 우리 경제를 재건할 것이라는 사실입니다.

work for ~을 지지하다 / ratify 비준하다 / abandon 버리다, 포기하다 / haunt 괴롭히다, 계속 문제가 되다 / reserves 매장량 / ingenuity 독창성 / tap 이용하다 / alternative sources of energy 대체에너지 / entrepreneurship 기업가 활동

When the world looks at us today they see an American government that cannot live within its means.

They see a government that continues to borrow money, mortgaging the future of generations to come.

The world knows that when a nation loses control of its finances, it eventually loses control of its destiny.

That is not the America that has inspired others to follow our lead.

After all, when the world looks to America, they look to us because we are the most successful political and economic experiment in human history.

That is the true basis of "American Exceptionalism." The essence of America that which really unites us is not ethnicity, or nationality or religion – it is an idea — and what an idea it is: That you can come from humble circumstances and do great things. That it doesn't matter where you came from but where you are going.

오늘날 세계가 미국을 바라보는 시각은 미국 정부가 분에 넘치게 소비하고 있다는 것입니다.
그들은 정부가 계속 돈을 빌리기만 하면서 다가올 세대의 미래를 저당 잡히고 있다고 생각합니다.
세상은 국가가 재정을 통제할 수 없게 되면 결국 그 운명도 통제할 수 없다는 것을 알고 있습니다.

우리를 따르도록 다른 사람들을 고무시킨 것은 미국이 아닙니다. 결국, 세계가 미국에게 기대를 걸 때, 이들이 우리에게 기대는 이유는 우리가 인류 역사상 가장 성공적인 경제적, 정치적 실험 결과물이기 때문입니다.

이것이 "미국 예외주의"의 진정한 기본입니다.
우리를 하나로 묶어 주는 미국의 본질은 민족성도 국적도 종교도 아닙니다. 그것은 사상입니다. 그 사상이란 바로 여러분의 환경이 보잘 것 없더라도 위대한 일을 할 수 있다는 것입니다.
여러분의 출신은 중요치 않습니다. 어딜 향해 가고 있는지가 중요합니다.

---

mortgage 저당 잡히다 / lose control of ~을 제어할 수 없게 되다 / look to ~에 기대를 걸다 / American Exceptionalism 미국 예외주의(독특한 기원과 역사 발전 과정, 정치 제도 등을 가진 미국은 다른 나라들과는 다른, '특별한' 국가라는 미국인들의 생각) / ethnicity 민족성 / nationality 국적 / humble 보잘 것 없는

Ours has never been a narrative of grievance and entitlement.

We have not believed that I am doing poorly because you are doing well.

We have not been envious of one another and jealous of each other's success.

Ours has been a belief in opportunity and a constant battle, long and hard, to extend the benefits of the American dream to all, without regard to circumstances of birth.

But the American ideal is indeed endangered today. There is no country, no not even a rising China, that can do more harm to us than we can do to ourselves if we fail to accomplish the tasks before us here at home.

More than at any other time in history, the ability to mobilize the creativity and ambition of human beings forms the foundation of greatness.

We have always done that better than any country in the world.

People have come here from all over because they believed in our creed of opportunity and limitless horizons.

우리의 사상엔 불만도 혜택도 없었습니다.

여러분이 잘해 주신 덕분에 우리는 정치를 엉망으로 하고 있다는 생각이 들지 않았습니다.

우리는 서로를 시기하지도, 서로의 성공을 질투하지도 않았습니다.

우리의 사상은 기회에 대한 믿음이었으며, 출생 환경과 상관없이 모든 사람에게 아메리칸 드림의 혜택을 확대하기 위한 길고 힘든 끊임없는 투쟁이었습니다.

그러나 오늘날, 미국의 이상은 진정 위기에 처해 있습니다.

우리 자신보다 우리에게 해를 끼칠 수 있는 국가는 없습니다. 심지어 떠오르는 중국조차 할 수 없습니다. 우리가 이곳 미국에서 우리 앞에 놓인 임무를 완수하지 않는다면 말입니다.

인간의 창의성과 야망을 동원할 수 있는 능력이야말로 그 어느 때보다 더 위대함의 토대를 형성합니다.

미국은 세상의 다른 어느 나라보다 뛰어나게 항상 이 일을 해왔습니다.

세계 곳곳의 사람들이 미국으로 온 이유는 이들이 기회와 무한한 시야에 대한 미국의 신념을 믿었기 때문입니다.

---

grievance 불만, 고충 / entitlement (정부의) 재정지원혜택 / envious of ~을
부러워하는, 시기하는 / without regard to ~에 상관없이 / endangered 위기에 처한 /
mobilize 동원하다 / creed 신념, 신조 / horizon 시야

They have come from the world's most
impoverished nations to make five dollars not
fifty cents, and they have come from the world's
advanced societies as engineers and scientists to
help fuel the knowledge based revolution in the
Silicon Valley of California; the research triangle of
North Carolina; in Austin, Texas; along Route 128
in Massachusetts and across our country.

We must continue to welcome the world's most
ambitious people to be a part of us.
In that way we stay perpetually young and
optimistic and determined.
We need immigration laws that protect our borders;
meet our economic needs; and yet show that we are
a compassionate people.

We have been successful too because Americans
have known that one's status at birth was not a
permanent station in life.
You might not be able to control your circumstances
but you could control your response to your
circumstances.
And your greatest ally in doing so was a quality
education.

이들은 50센트가 아닌 5달러를 벌기 위해 세계에서 가장 빈곤한 국가에서 왔습니다. 이들은 기술자, 과학자로서 캘리포니아 실리콘밸리와 노스캐롤라이나의 리서치트라이앵글, 텍사스 오스틴, 매사추세츠 128번가, 그리고 미국 전역에 걸친 지식 기반 혁명을 가열시키는 데 일조하고자 세계에서 가장 진보한 사회에서 왔습니다.

우리는 세계의 가장 야심찬 사람들이 미국에 합류하는 것을 계속 환영해야 합니다.
이런 식으로 우리는 영원히 젊고 낙관적이며 단호한 국가로 남습니다.
미국에는 국경을 보호하고 우리의 경제적 요구를 충족시키면서도 우리가 인정 있는 민족임을 증명하는 이민법이 필요합니다.

또한 미국이 성공한 이유는 태어날 때의 지위가 인생에서 영원한 것은 아니라는 것을 미국인들이 알고 있었기 때문입니다.
자신의 환경을 제어하지 못할 수도 있지만 환경에 대한 대응은 제어할 수 있었습니다.
그리고 그 과정에서 가장 큰 도움이 된 것이 바로 양질의 교육이었습니다.

impoverished 빈곤한 / perpetually 영속적으로, 끊임없이

Let me ask you, though, today, when I can look at your zip code and can tell whether you are going to get a good education, can I really say, "It doesn't matter where you came from; it matters where you are going."?

The crisis in K-12 education is a grave threat to who we are.

My mom was a teacher – I have the greatest respect for the profession – we need great teachers, not poor or mediocre ones.

We need to have high standards for our students – self-esteem comes from achievement not from lax standards and false praise.

And we need to give parents greater choice, particularly poor parents whose kids – most often minorities — are trapped in failing neighborhood schools.

This is the civil rights struggle of our day.

하지만 오늘, 한 가지 여쭙겠습니다. 제가 여러분의 우편 번호를 보고 여러분이 좋은 교육을 받을 수 있을지를 말씀드릴 수 있다면, '여러분의 출신은 중요하지 않습니다. 여러분이 가고 있는 방향이 중요합니다'라고 진정으로 말할 수 있겠습니까?

유치원에서 고등학교까지의 교육위기는 현재의 미국을 무섭게 위협하고 있습니다.

제 어머니는 교사셨고 저는 이분들을 가장 존경합니다. 우리는 형편없거나 그저 그런 교사가 아닌 훌륭한 교사가 필요합니다.

우리는 학생들을 위한 높은 기준을 가질 필요가 있습니다. 자부심이란 느슨한 기준이나 잘못된 칭찬이 아닌 성취를 통해 얻습니다. 또한 부모들, 특히 가난한 부모들에게 더 나은 선택권을 주어야 합니다. 대부분 소수민족인 이들의 아이들은 실패한 인근 학교에 갇혀 있습니다.

이것은 현재의 시민권 투쟁입니다.

K-12 유치원에서 고등학교를 졸업할 때까지의 교육기간 / mediocre 보통밖에 안 되는 / self-esteem 자부심 / lax 느슨한 / of our day 현재의

If we do anything less, we will condemn generations to joblessness, hopelessness and dependence on the government dole.
To do anything less is to endanger our global economic competitiveness.
To do anything less is to tear apart the fabric of who we are and cement a turn toward grievance and entitlement.

Mitt Romney and Paul Ryan will rebuild us at home and inspire us to lead abroad.
They will provide an answer to the question, "Where does America stand?"
The challenge is real and these are tough times.

But America has met and overcome difficult circumstances before.
Whenever you find yourself doubting us, just think of all the times that we have made the impossible seem inevitable in retrospect.

만약 우리가 그렇게 하지 않는다면 다음 세대들은 실직과 절망에 처하게 될 것이며, 정부의 실업 수당에만 의존하게 될 것입니다.

그렇게 하지 않는 것은 곧 미국의 세계 경제적 경쟁력을 위태롭게 하는 것입니다.

그렇게 하지 않는 것은 현재 미국의 구조를 분열시키는 것이며 불만과 혜택으로의 방향을 굳히는 것입니다.

Mitt Romney와 Paul Ryan은 국내에서 미국을 재건하고 대외적으로 앞장서도록 고무시킬 것입니다.

그들은 미국의 입장은 무엇인가 하는 질문에 답할 것입니다.

과제는 실존하며 지금은 어려운 시기입니다.

하지만 미국은 전에도 어려운 상황에 부딪혀 이를 극복해 왔습니다.

우리를 확신하지 못하는 자신을 발견할 때마다 그저 지난 시간들을 생각해 보십시오. 불가능한 일이 돌이켜보면 필연적인 일이었던 것 같습니다.

condemn 처하게 만들다 / dole 실업 수당 / endanger 위험에 빠뜨리다, 위태롭게 만들다 / fabric 구조 / cement 굳히다, 다지다

America's victorious revolutionary founding against
the greatest military power of the time; a Civil War,
hundreds of thousands dead in a brutal conflict
but emerging a stronger union; a second founding
as impatient patriots fought to overcome the birth
defect of slavery and the scourge of segregation; a
long struggle against communism that ended with
the death of the Soviet Union and the emergence of
Europe, whole free and at peace; the will to make
difficult decisions, heart-wrenching choices in the
aftermath of 9/11 that secured us and prevented the
follow-on attacks that seemed preordained at the
time.

And on a personal note, a little girl grows up in Jim
Crow Birmingham – the most segregated big city in
America.
Her parents can't take her to a movie theater
or a restaurant, but they make her believe that
even though she can't have a hamburger at the
Woolworth's lunch counter, she can be President of
the United States and she becomes the Secretary of
State.

그 시대 가장 큰 군사력과 맞서 승리로 거둔 혁명적인 미국 건국, 잔혹한 충돌 속에 수십만 명의 목숨을 앗아갔지만 미국의 결속을 더욱 강화시킨 남북 전쟁, 노예의 태생적 결함과 인종차별이라는 골칫거리를 극복하기 위해 열정적인 애국자들이 싸운 제2건국, 소비에트 연방의 해체로 끝이 난 공산주의 체제와의 오랜 투쟁과 온전히 자유롭고 평화로워진 유럽, 911 테러 이후 미국을 보호하고 그 당시 예정된 것처럼 보였던 후속 공격을 예방하기 위한 어려운 결정과 가슴 쓰라린 선택에 대한 의지 등이 그렇습니다.

개인적으로 한 가지 말씀드리자면, 미국에서 가장 인종차별이 심한 짐 크로우 버밍엄에서 자란 한 소녀가 있었습니다.
그녀의 부모는 극장이나 식당에 그녀를 데려갈 수 없었습니다. 하지만 그들은 울워쓰의 간이식당에서 햄버거를 사먹지 못하더라도 미국 대통령이 될 수 있다는 확신을 아이에게 주었습니다. 그리고 그 아이는 커서 미 국무장관이 되었습니다.

brutal 잔혹한 / scourge 재앙, 골칫거리 / wrench 쓰라리게 하다 / follow-on 후속의 / preordained 이미 운명 지워진 / lunch counter 간이식당

Yes, America has a way of making the impossible seem inevitable in retrospect.

But of course it has never been inevitable – it has taken leadership, courage and an unwavering faith in our values.

Mitt Romney and Paul Ryan have the experience and the integrity and the vision to lead us.

They know who we are, what we want to be and what we offer the world.

That is why this is a moment, an election, of consequence.

Because it just has to be that the most compassionate and freest country on the face of the earth will continue to be the most powerful!

May God Bless You, and May God continue to bless this extraordinary, exceptional country, the United States of America.

(29 August 2012)

네, 미국은 불가능한 것을 돌이켜보면 필연적인 일로 보이게 만드는 재주가 있습니다.

하지만 물론 그것이 결코 필연적이지는 않았습니다. 리더십과 용기, 우리의 가치관에 대한 확고한 신념이 필요했습니다.

Mitt Romney와 Paul Ryan은 풍부한 경험과 진실성, 그리고 우리를 이끌 비전을 가지고 있습니다.

그들은 우리의 현 상태와 우리가 되고자 하는 바, 그리고 우리가 세계에 무엇을 베풀 수 있는지를 압니다.

이것이 바로 이번 선거가 중요한 이유입니다.

왜냐하면 이 지구상에서 가장 인정 많고 자유로운 이 나라가 가장 강한 나라로 남아있어야 하기 때문입니다!

여러분에게 신의 축복이 있기를, 그리고 특별하고 특출한 이 나라, 미국에 신의 축복이 있기를.

2012년 8월 29일

---

have a way of 흔히 ~하게 되어 가다 / unwavering 변함없는, 확고한 /
of consequence 중요한

Aung San Suu Kyi

Nobel Prize Acceptance Speech

아웅산 수지

노벨평화상 수락 연설

미얀마 민주화의 상징인 아웅산 수지 여사가 2012년 6월, 노벨상 수상 21년 만에 노르웨이를 방문해 수락연설을 했다. 수지 여사는 이날 오슬로 시청에서 약 40분간 연설을 통해 "1991년 받은 노벨평화상은 내가 느꼈던 소외감을 없애고 미얀마 민주화에 대한 세계의 요구를 확인시켜줬다"고 밝혔다. 또한 미얀마에는 아직도 많은 양심수들이 감금돼있다며 이들의 석방을 촉구했다. 그는 청중들을 향해 "그들이 석방될 수 있도록 가능한 어떤 일이든 해달라"고 당부했다.

Nobel Prize Acceptance Speech in the Oslo City Hall

Your Majesties, Your Royal Highness, Excellencies, Distinguished members of the Norwegian Nobel Committee, Dear Friends,

Long years ago, sometimes it seems many lives ago, I was at Oxford listening to the radio programme Desert Island Discs with my young son Alexander. It was a well-known programme (for all I know it still continues) on which famous people from all walks of life were invited to talk about the eight discs, the one book beside the bible and the complete works of Shakespeare, and the one luxury item they would wish to have with them were they to be marooned on a desert island.

At the end of the programme, which we had both enjoyed, Alexander asked me if I thought I might ever be invited to speak on Desert Island Discs. "Why not?" I responded lightly.

노벨평화상 수락 연설

왕실 내하, 귀족 여러분, 각하 여러분, 존경하는 노르웨이 노벨위원회 여러분, 친애하는 여러분.

오래 전, 때론 수많은 시절이 지난 듯 여겨지지도 하지만, 저는 옥스퍼드에서 제 막내아들 Alexander와 함께 'Desert Island Discs'라는 라디오 프로그램을 듣고 있었습니다.

지금도 계속 하고 있을지 모르겠는데, 그것은 각계각층의 유명한 사람들이 초대되어 무인도에 고립된다면 가져가고 싶은 하나의 사치품과 여덟 장의 음반, 성경과 셰익스피어 전집 이외의 책 한 권에 대해 이야기하는 유명한 프로그램이었습니다.

우리 모두 재미있게 들은 그 프로그램이 끝나갈 무렵, Alexander는 제가 언제고 그 프로그램에 초대되어 이야기할 수 있다고 생각하는지 물었습니다.

"물론이지."라고 제가 가볍게 대답했습니다.

Royal Highness 왕족에 대한 경칭 / desert island 무인도 / for all I know 아마
(~일지도 모른다) / complete works 전집 / maroon 고립시키다

Since he knew that in general only celebrities took part in the programme he proceeded to ask, with genuine interest, for what reason I thought I might be invited.

I considered this for a moment and then answered: "Perhaps because I'd have won the Nobel Prize for literature," and we both laughed.
The prospect seemed pleasant but hardly probable.

I cannot now remember why I gave that answer, perhaps because I had recently read a book by a Nobel Laureate or perhaps because the Desert Island celebrity of that day had been a famous writer.

In 1989, when my late husband Michael Aris came to see me during my first term of house arrest, he told me that a friend, John Finnis, had nominated me for the Nobel Peace Prize.
This time also I laughed.
For an instant Michael looked amazed, then he realized why I was amused.

아들은 대체로 유명 인사들만이 그 프로그램에 참여한다는 것을 잘 알고 있었기 때문에, 무엇 때문에 제가 초대받을 수 있다고 생각하는지 정말 궁금하다는 듯이 재차 물었습니다.

저는 잠시 생각한 후 "아마도 내가 노벨문학상을 받았을 테니까." 라고 대답했습니다. 그리고 둘 다 웃었습니다.
그런 상상은 즐거운 것이지만 거의 가능성이 없어 보였습니다.

제가 왜 그런 대답을 했는지 기억나지 않습니다. 아마도 최근 어느 노벨 수상자의 책을 읽었거나 그날 나온 프로그램 인사가 유명한 작가였기 때문일 것입니다.

1989년, 제 첫 번째 가택 연금 중에 지금은 고인이 된 제 남편 Michael Aris가 저를 보러 와서는 친구인 John Finnis가 저를 노벨평화상 후보로 추천했다고 귀뜸해 주었습니다.
이때도 역시 저는 웃었습니다.
일순간 남편은 놀란 듯 보였지만 이내, 제가 왜 재미있어하는지 깨달았습니다.

---

take part in ~에 참가하다 / genuine 진실한, 진심 어린 / laureate 수상자 / late 고인이 된 / house arrest 가택 연금 / nominate 지명[추천]하다

The Nobel Peace Prize?
A pleasant prospect, but quite improbable!
So how did I feel when I was actually awarded the
Nobel Prize for Peace?

The question has been put to me many times and
this is surely the most appropriate occasion on
which to examine what the Nobel Prize means to
me and what peace means to me.

As I have said repeatedly in many an interview, I
heard the news that I had been awarded the Nobel
Peace Prize on the radio one evening.
It did not altogether come as a surprise because
I had been mentioned as one of the frontrunners
for the prize in a number of broadcasts during the
previous week.

While drafting this lecture, I have tried very hard
to remember what my immediate reaction to the
announcement of the award had been.

노벨평화상이라고요?

즐거운 상상이긴 하지만 너무 믿어지지 않는 일이지 않습니까!

그러니 제가 정말로 노벨평화상을 받았을 때 어떤 기분이었겠습니까?

저는 여러 번 질문을 받아왔고, 분명 이번이 노벨상이 제게 주는 의미와 평화의 의미를 생각해 볼 가장 적절한 때인 것 같습니다.

제가 많은 인터뷰에서 여러 번 말씀드린 바와 같이, 저는 어느 날 저녁 라디오에서 노벨평화상 수상 소식을 들었습니다.

이전 한 주 동안 수많은 방송에서 그 상의 유력후보 중 한명으로 제가 거론되었기 때문에 수상이 그렇게 놀라운 일은 아니었습니다.

이 강연의 초안을 작성하면서 저는 수상 발표 직후 제 반응이 어땠었는지 기억해내려고 상당히 애썼습니다.

---

improbable 사실 같지 않은 / come as a surprise 놀라움으로 다가오다 /
frontrunner 선두주자, 유력 후보

I think, I can no longer be sure, it was something like:
"Oh, so they've decided to give it to me."
It did not seem quite real because in a sense I did not feel myself to be quite real at that time.

Often during my days of house arrest it felt as though I were no longer a part of the real world. There was the house which was my world, there was the world of others who also were not free but who were together in prison as a community, and there was the world of the free; each was a different planet pursuing its own separate course in an indifferent universe.

What the Nobel Peace Prize did was to draw me once again into the world of other human beings outside the isolated area in which I lived, to restore a sense of reality to me.
This did not happen instantly, of course, but as the days and months went by and news of reactions to the award came over the airwaves, I began to understand the significance of the Nobel Prize.

제 기억에, 확신할 수는 없지만 이런 반응이었던 것 같습니다.

"어머, 나에게 상을 주기로 결정했군."

어떤 의미에서는 그 당시 제 자신조차 현실적이지 않게 느껴졌기 때문에, 노벨상 수상은 너무 현실적이지 않아 보였습니다.

가택연금 기간 동안, 마치 제가 더 이상 현실 세상의 일부가 아닌 듯한 기분이 자주 들었습니다.

집이 제 세상이었으며, 역시 자유롭지 않지만 하나의 공동체로 감옥에 함께 갇혀 있는 다른 사람들의 세상이 존재했습니다. 그리고 자유로운 사람들의 세상이 있었습니다. 이들은 무관심한 세계에서 자신만의 항로를 좇는 각기 다른 세상이었습니다.

노벨평화상이 한 일은 제가 살고 있던 고립된 영역 밖에 있는 다른 사람들의 세상으로 다시 한 번 저를 끌어내 제게 현실감을 회복시켜 준 것이었습니다.

물론 금방 그렇게 된 것은 아니었지만, 해가 가고 달이 가면서 수상에 대한 반응들이 전파를 타자, 저는 노벨상의 의의를 이해하기 시작했습니다.

airwave 방송 전파

It had made me real once again; it had drawn me
back into the wider human community.
And what was more important, the Nobel Prize had
drawn the attention of the world to the struggle for
democracy and human rights in Burma.
We were not going to be forgotten.

To be forgotten.
The French say that to part is to die a little.
To be forgotten too is to die a little.
It is to lose some of the links that anchor us to the
rest of humanity.

When I met Burmese migrant workers and refugees
during my recent visit to Thailand, many cried out:
"Don't forget us!"
They meant: "don't forget our plight, don't forget
to do what you can to help us, don't forget we also
belong to your world."

노벨상은 다시 한 번 제 존재를 인정해 주었으며 저를 더 넓은 인류 공동체로 끌어당겨 주었습니다.
더욱 중요한 것은, 노벨상이 버마의 민주주의와 인권을 향한 투쟁에 세상의 관심을 끌었다는 것입니다.
우리는 잊혀지지 않을 것입니다.

잊혀진다는 것.
프랑스 속담에 헤어지는 것은 조금씩 죽어가는 것이라는 말이 있습니다.
잊혀지는 것 역시 조금씩 죽어가는 것입니다.
그것은 나머지 인류와 우리가 연결되어 있는 관계성을 잃는 것입니다.

제가 최근 태국을 방문하면서 버마 이주 노동자들과 난민들을 만났을 때, 이들 중 대다수가 자신들을 잊지 말라고 외쳤습니다.
이들이 한 말의 의미는, "우리가 겪는 역경을 잊지 마라. 우리를 돕기 위해 할 수 있는 일을 하는 것을 잊지 마라. 우리도 세상의 일원임을 잊지 마라."라는 것이었습니다.

anchor 고정시키다 / plight 역경

When the Nobel Committee awarded the Peace Prize to me they were recognizing that the oppressed and the isolated in Burma were also a part of the world, they were recognizing the oneness of humanity.

So for me receiving the Nobel Peace Prize means personally extending my concerns for democracy and human rights beyond national borders.

The Nobel Peace Prize opened up a door in my heart.

The Burmese concept of peace can be explained as the happiness arising from the cessation of factors that militate against the harmonious and the wholesome.

The word nyein-chan translates literally as the beneficial coolness that comes when a fire is extinguished.

Fires of suffering and strife are raging around the world.

In my own country, hostilities have not ceased in the far north; to the west, communal violence resulting in arson and murder were taking place just several days before I started out on the journey that has brought me here today.

노벨위원회가 제게 노벨상을 수상했을 때, 이들은 버마의 억압받는 자들과 소외된 자들 역시 세상의 일부분임을 깨닫고 인정한 것입니다. 이들은 인류가 하나인 것을 깨달은 것입니다.

그러므로 제게 있어 노벨평화상 수상은 개인적으로 민주주의와 인권에 대한 관심이 국경을 넘어 확대된 것을 의미합니다.

노벨평화상은 제 마음의 문을 열었습니다.

버마인들이 생각하는 평화의 개념은 조화로운 사람들과 건전한 사람들을 방해하는 요소를 제거함으로써 생겨나는 행복으로 설명할 수 있습니다.

버마어로 "녤창"이란 단어는 직역하면 불을 껐을 때 얻을 수 있는 이로운 차가움이란 뜻입니다.

고통과 갈등의 불길이 전 세계에 급속히 번지고 있습니다.

제 조국에서는 북부에서 교전이 그치지 않고 있으며, 서부에서는 제가 오늘 이곳에 오기 위해 출국하기 불과 며칠 전에도 방화와 살인으로 이어진 집단 폭력이 발생했습니다.

cessation 중단, 중지 / militate against ~을 방해해다 / wholesome 건전한 / strife 갈등, 불화 / rage 급속히 번지다 / hostility 전투, 교전 / communal violence 집단 폭력

News of atrocities in other reaches of the earth
abound.
Reports of hunger, disease, displacement,
joblessness, poverty, injustice, discrimination,
prejudice, bigotry; these are our daily fare.

Everywhere there are negative forces eating away at
the foundations of peace.
Everywhere can be found thoughtless dissipation of
material and human resources that are necessary for
the conservation of harmony and happiness in our
world.

The First World War represented a terrifying waste
of youth and potential, a cruel squandering of the
positive forces of our planet.

The poetry of that era has a special significance
for me because I first read it at a time when I was
the same age as many of those young men who had
to face the prospect of withering before they had
barely blossomed.

지구상의 다른 곳에서는 수없이 많은 잔학행위 소식이 들려옵니다.

기아, 질병, 추방, 실직, 빈곤, 불평등, 차별, 편견, 편협에 대한 보고들, 이러한 보고가 매일 이어집니다.

어느 곳에나 평화의 근간을 갉아먹는 부정적인 세력이 있습니다. 어느 곳에서나 이 세상의 조화와 행복을 유지하기 위해 필요한 물적, 인적 자원이 부주의하게 낭비되는 것을 찾아볼 수 있습니다.

1차 세계대전은 젊은이들과 잠재력을 끔찍할 만큼 낭비했으며, 이는 이 지구의 긍정적인 세력을 잔혹하게 낭비한 것입니다.

이 시대의 시들은 제게 특별한 의의를 갖습니다. 간신히 꽃을 피우기도 전에 시들어야 하는 운명을 받아들여야 했던 많은 젊은이들과 똑같은 나이에 이 시들을 처음 읽었기 때문입니다.

---

atrocity 잔혹행위 / abound 아주 많다, 풍부하다 / displacement 추방 / bigotry 편협 / eat away at ~을 조금씩 갉아먹다, 부식시키다 / thoughtless 부주의한, 무심한 / dissipation 낭비, 소실 / squander 낭비하다, 허비하다 / wither 시들다, 말라 죽다 / barely 간신히, 가까스로 / blossom 꽃을 피우다

A young American fighting with the French Foreign Legion wrote before he was killed in action in 1916 that he would meet his death: "at some disputed barricade;" "on some scarred slope of battered hill;" "at midnight in some flaming town."

Youth and love and life perishing forever in senseless attempts to capture nameless, unremembered places. And for what?
Nearly a century on, we have yet to find a satisfactory answer.

Are we not still guilty, if to a less violent degree, of recklessness, of improvidence with regard to our future and our humanity?

War is not the only arena where peace is done to death.
Wherever suffering is ignored, there will be the seeds of conflict, for suffering degrades and embitters and enrages.

프랑스 외인 부대와 싸운 한 미국 청년은 1916년 전투에서 전사하기 전에 "분쟁 지역의 바리케이드에서", "심한 공격으로 상흔이 남겨진 언덕에서", "한밤중에 불타는 도시에서" 자신의 죽음을 맞이하겠노라는 글을 썼습니다.

무의미하게 영원히 사라질 젊음과 사랑과 삶이 이름도 없고 기억도 못할 곳을 담으려 합니다.
무엇을 위해서입니까?
거의 1세기가 지나는 동안 우리는 아직 만족스러운 답을 찾지 못했습니다.

덜 폭력적이라고 해서, 우리의 미래와 인류에 대한 무모함과 경솔함에 대해 우리에게 책임이 없습니까?

평화를 끊임없이 외치는 곳은 전쟁터만이 아닙니다.
고통을 못 본 척하는 모든 곳에서 갈등의 씨앗이 자랄 것입니다.
고통이란 사람을 타락시키고 적개심을 품게 하며 분노하게 만들기 때문입니다.

French Foreign Legion 프랑스 외인 부대 / action 전투, 작전 / scar 상흔을 남기다 / battered 심한 공격을 받는 / perish 사라지다. 죽다 / senseless 무의미한, 무분별한 / have yet to 아직 ~하지 않았다 / recklessness 무모함 / improvidence 경솔함 / arena 영역, 장(場) / do to death 지겹도록 ~을 하다 / degrade 타락시키다 / embitter 적개심을 품게 하다 / enrage 분노하게 하다

A positive aspect of living in isolation was that I had ample time in which to ruminate over the meaning of words and precepts that I had known and accepted all my life.

As a Buddhist, I had heard about dukha, generally translated as suffering, since I was a small child. Almost on a daily basis elderly, and sometimes not so elderly, people around me would murmur "dukha, dukha" when they suffered from aches and pains or when they met with some small, annoying mishaps.

However, it was only during my years of house arrest that I got around to investigating the nature of the six great dukha.

These are: to be conceived, to age, to sicken, to die, to be parted from those one loves, to be forced to live in propinquity with those one does not love. I examined each of the six great sufferings, not in a religious context but in the context of our ordinary, everyday lives.

고립된 생활이 좋았던 점은 제가 일생동안 습득하고 인정했던 말과 계율의 의미를 곰곰이 생각해볼 충분한 시간이 있었다는 것이었습니다.

불교신자로서 저는 일반적으로 고통으로 해석되는 '두카'라는 것에 대해 어렸을 때부터 들어왔습니다.
제 주변의 나이든 사람들, 혹은 때로 그렇지 않은 사람들도 아픔이나 고통으로 힘이 들 때, 혹은 사소하고 짜증스러운 사고를 당했을 때, 거의 매일 "두카, 두카"라고 중얼거립니다.

하지만 가택 연금 상태에 있을 때 비로소 저는 여섯 가지 두카의 본질에 대해 몰두할 수 있었습니다.

그 여섯 가지란, 아이를 갖는 것, 나이 드는 것, 병드는 것, 죽는 것, 사랑하는 사람과 헤어지는 것, 사랑하지 않는 사람과의 생활을 강요당하는 것입니다.
저는 종교적 상황이 아닌 일상적인 매일의 삶에서 이 여섯 가지 커다란 고통을 실감했습니다.

---

ample 충분한 / ruminate 곰곰이 생각하다 / on a daily basis 매일 / murmur 중얼거리다 / mishap 작은 사고, 불행 / conceive 아이를 가지다, 임신하다 / propinquity 가까움, 근접

If suffering were an unavoidable part of our existence, we should try to alleviate it as far as possible in practical, earthly ways.

I mulled over the effectiveness of ante- and post-natal programmes and mother and childcare; of adequate facilities for the aging population; of comprehensive health services; of compassionate nursing and hospices.

I was particularly intrigued by the last two kinds of suffering: to be parted from those one loves and to be forced to live in propinquity with those one does not love.

What experiences might our Lord Buddha have undergone in his own life that he had included these two states among the great sufferings?

I thought of prisoners and refugees, of migrant workers and victims of human trafficking, of that great mass of the uprooted of the earth who have been torn away from their homes, parted from families and friends, forced to live out their lives among strangers who are not always welcoming.

살면서 고통이란 것이 피할 수 없는 한 부분이라면, 우리는 가능한 한 실용적이고 세속적인 방법으로 이러한 고통을 완화하기 위해 노력해야 합니다.

저는 출산 전후 프로그램과 모자 관리, 고령 인구를 위한 적절한 시설, 종합적인 보건 서비스, 특별 간호 및 호스피스의 효율성에 대해 깊이 생각해 보았습니다.

저는 특히 마지막 두 가지 고통, 즉, 사랑하는 사람과 헤어지는 것, 사랑하지 않는 사람과의 생활을 강요당하는 것에 크게 이끌렸습니다.

부처는 자신의 삶에서 크나큰 고통 가운데 특히 이 두 가지에 포함되는 어떤 경험을 했었을까요?

저는 죄수들과 난민들, 이주 노동자, 인신매매의 희생자, 그리고 조국에서 추방당하고 가족, 친구들과 헤어지고 자신들을 늘 환영하지 않는 낯선 사람들 틈에서 살도록 강요받는 지상의 수많은 뿌리 뽑힌 사람들에 대해 생각했습니다.

---

earthly 세속적인 / mull over ∼에 대해 숙고하다 / ante-natal 출산 전의 /
post-natal 출산 후의 / intrigue 강한 흥미를 불러일으키다 / tear away 억지로
떼어내다

We are fortunate to be living in an age when social welfare and humanitarian assistance are recognized not only as desirable but necessary.
I am fortunate to be living in an age when the fate of prisoners of conscience anywhere has become the concern of peoples everywhere, an age when democracy and human rights are widely, even if not universally, accepted as the birthright of all.

How often during my years under house arrest have I drawn strength from my favourite passages in the preamble to the Universal Declaration of Human Rights:

.... disregard and contempt for human rights have resulted in barbarous acts which have outraged the conscience of mankind, and the advent of a world in which human beings shall enjoy freedom of speech and belief and freedom from fear and want has been proclaimed as the highest aspirations of the common people,

사회복지와 인도주의적 원조가 가치 있는 것일 뿐만 아니라 필요한 것으로 인정되는 시대에 살고 있는 것은 행운입니다.
양심수의 운명이 모든 사람들의 관심사가 된 시대, 보편적이진 않더라도 민주주의와 인권이 폭넓게 모두의 생득권으로 받아들여지는 시대에 살고 있는 것은 행운입니다.

연금 가택 기간 동안, 세계 인권 선언 전문의 제가 좋아하는 구절에서 얼마나 자주 제가 힘을 얻었는지 모릅니다.

...인권에 대한 무시와 경멸이 인류의 양심을 격분시키는 만행을 초래하였으며, 인간이 언론과 신앙의 자유, 공포와 결핍으로부터의 자유를 누릴 수 있는 세계의 도래가 모든 사람들의 지고한 열망으로 천명되어 왔으며...

prisoners of conscience 양심수 / preamble 전문 / barbarous 야만스러운, 잔혹한 / outrage 격분[격노]하게 만들다 / proclaim 선언[선포]하다

...... it is essential, if man is not to be compelled to have recourse, as a last resort, to rebellion against tyranny and oppression, that human rights should be protected by the rule of law . . .

If I am asked why I am fighting for human rights in Burma the above passages will provide the answer. If I am asked why I am fighting for democracy in Burma, it is because I believe that democratic institutions and practices are necessary for the guarantee of human rights.

Over the past year there have been signs that the endeavours of those who believe in democracy and human rights are beginning to bear fruit in Burma. There have been changes in a positive direction; steps towards democratization have been taken.

If I advocate cautious optimism it is not because I do not have faith in the future but because I do not want to encourage blind faith.

인간이 마지막 수단으로 폭정과 억압에 대항하여 반란을 일으키도록 강요받지 않으려면 법에 의해 인권이 보호되어야 하는 것이 필수적이며...

제가 버마에서 인권을 위해 싸우는 이유에 대해 물으신다면, 위 구절이 그 답이 될 것입니다.
제가 버마 민주주의를 위해 싸우는 이유에 대해 물으신다면, 그것은 인권을 보장하기 위해서는 민주적인 기관과 방법들이 필요하다고 믿기 때문입니다.

지난 한 해 동안 민주주의와 인권을 믿는 사람들의 노력이 버마에서 결실을 맺기 시작하는 징후들이 있었습니다.
긍정적인 방향의 변화들이 있었습니다. 바로, 민주화를 향한 조치가 취해진 것입니다.

제가 신중한 낙관론을 옹호한다면, 그것은 제가 미래를 신뢰하지 않아서가 아니라 맹목적인 믿음을 부추기고 싶지 않기 때문입니다.

compel 강요하다 / recourse (힘든 상황에서 도움을 얻기 위한) 의지 / resort (특정 상황에서의) 수단 / rebellion 반란 / democratization 민주화 / blind 맹목적인

Without faith in the future, without the conviction that democratic values and fundamental human rights are not only necessary but possible for our society, our movement could not have been sustained throughout the destroying years.

Some of our warriors fell at their post, some deserted us, but a dedicated core remained strong and committed.
At times when I think of the years that have passed, I am amazed that so many remained staunch under the most trying circumstances.

Their faith in our cause is not blind; it is based on a clear-eyed assessment of their own powers of endurance and a profound respect for the aspirations of our people.
It is because of recent changes in my country that I am with you today; and these changes have come about because of you and other lovers of freedom and justice who contributed towards a global awareness of our situation.

미래에 대한 믿음이 없었다면, 민주적 가치와 기본적인 인권은 필요한 것일 뿐만 아니라 이 사회가 실현할 수 있는 것이라는 신념이 없었다면, 절망적인 시대에 우리가 행동을 계속할 수 없었을 것입니다.

맡은 자리에서 이탈한 동료도 있고 우리를 저버린 동료들도 있었지만, 헌신적인 핵심집단은 여전히 강하고 열성적이었습니다.
가끔 지나온 날들을 회상할 때마다, 가장 힘든 상황에서도 그렇게도 많은 동료가 확고했다는 사실에 저는 놀라곤 합니다.

대의에 대한 이들의 신념은 맹목적인 것이 아닙니다. 그 신념은 자신들의 인내력과 우리 국민들의 열망을 향한 깊은 존중에 대한 현실적인 평가에 기초한 것입니다.
제가 오늘 여러분과 함께 있을 수 있는 것은 우리나라에서 최근에 일어난 변화 때문이며, 그 변화는 버마의 상황을 세계에 알리려고 노력해준 여러분과 같은 자유와 정의를 사랑하는 사람들 덕분입니다.

at one's post 맡은 자리[부서]에서 / desert 버리다, 저버리다 / at times 가끔은, 때로는 / staunch 확고한 / trying 괴로운, 힘든 / clear-eyed 총명한, 현실적인

Before continuing to speak of my country, may I speak out for our prisoners of conscience.
There still remain such prisoners in Burma.
It is to be feared that because the best known detainees have been released, the remainder, the unknown ones, will be forgotten.

I am standing here because I was once a prisoner of conscience.
As you look at me and listen to me, please remember the often repeated truth that one prisoner of conscience is one too many.

Those who have not yet been freed, those who have not yet been given access to the benefits of justice in my country number much more than one.
Please remember them and do whatever is possible to effect their earliest, unconditional release.
Burma is a country of many ethnic nationalities and faith in its future can be founded only on a true spirit of union.

버마에 대해 이야기하기 전에, 버마의 양심수에 대해 말씀드리고
싶습니다.
버마에는 아직도 이런 양심수들이 남아있습니다.
가장 유명한 억류자들이 석방되었기 때문에 남아 있는 잘 알려지
지 않은 억류자들이 잊혀지게 될까 우려됩니다.

저는 한 때 양심수였기 때문에 이곳에 서 있습니다.
저를 바라보고 제 이야기를 듣는 동안, 양심수 한 명은 하나 이상
의 가치가 있다는 자주 반복되는 진실을 기억해 주십시오.

버마에는 아직 자유를 얻지 못한 사람들, 아직 정의의 혜택을 받지
못하고 있는 사람들이 많습니다.
이들을 기억해 주시고 이들의 빠르고 무조건적인 석방을 위해 할
수 있는 일을 해 주십시오.
버마는 다민족 국가이며, 진정한 조화의 정신 위에서만 그 미래에
대한 믿음이 구축될 수 있습니다.

detainee 억류자 / one too many 하나만큼 더 많은

Since we achieved independence in 1948, there never has been a time when we could claim the whole country was at peace.

We have not been able to develop the trust and understanding necessary to remove causes of conflict.

Hopes were raised by ceasefires that were maintained from the early 1990s until 2010 when these broke down over the course of a few months. One unconsidered move can be enough to remove long-standing ceasefires.

In recent months, negotiations between the government and ethnic nationality forces have been making progress.

We hope that ceasefire agreements will lead to political settlements founded on the aspirations of the peoples, and the spirit of union.

My party, the National League for Democracy, and I stand ready and willing to play any role in the process of national reconciliation.

1948년 독립을 이룬 이후, 나라 전체가 평화롭다고 말할 수 있는 때는 한 시도 없었습니다.

우리는 갈등의 원인을 없애는 데 필요한 신뢰와 이해를 발전시킬 수 없었습니다.

1990년대부터 2010년까지 지속된 정전으로 희망이 있었지만, 이 희망은 단 몇 달 만에 깨졌습니다.

한 번의 경솔한 행동으로도 오래 지속된 정전을 충분히 깨트릴 수 있습니다.

최근 몇 달 동안 정부와 민족 세력 간의 교섭에 진전이 있었습니다. 우리는 정전 협정이 국민의 염원과 조화의 정신에 근거한 정치적 안정으로 이어지기를 기대하고 있습니다.

민족민주연맹과 저는 민족 화합의 과정에서 어떤 일이라도 할 준비가 되어있으며 기꺼이 이 일에 임할 것입니다.

---

ceasefire 휴전, 정전 / over the course of ~동안 / unconsidered 경솔한 / National League for Democracy 민족민주연맹 / reconciliation 화합, 화해

The reform measures that were put into motion by President U Thein Sein's government can be sustained only with the intelligent cooperation of all internal forces: the military, our ethnic nationalities, political parties, the media, civil society organizations, the business community and, most important of all, the general public.

We can say that reform is effective only if the lives of the people are improved and in this regard, the international community has a vital role to play. Development and humanitarian aid, bi-lateral agreements and investments should be coordinated and calibrated to ensure that these will promote social, political and economic growth that is balanced and sustainable.

The potential of our country is enormous. This should be nurtured and developed to create not just a more prosperous but also a more harmonious, democratic society where our people can live in peace, security and freedom.

U Thein Sein 대통령 정부가 시작한 개혁 조치는 국내 모든 세력, 즉, 군대와 민족 집단, 정당, 미디어, 시민사회 조직, 실업계, 그리고 가장 중요한 일반 대중의 현명한 협력으로만 지속될 수 있습니다.

우리는 국민의 삶이 개선될 경우에만 개혁이 효과를 거두었다고 말할 수 있으며, 이런 관점에서 국제사회는 중요한 역할을 담당합니다.
지속 가능하며 균형 잡힌 사회적, 정치적, 경제적 성장을 확실히 조장할 수 있도록 발전과 인도주의적 지원, 상호협정과 투자가 편성되고 조정되어야 합니다.

버마의 잠재력은 막대합니다.
단지 더욱 번창한 사회가 아닌, 우리 국민이 평화롭고 안전하고 자유롭게 살 수 있는 더욱 조화롭고 민주적인 사회를 만들기 위해 이러한 잠재력을 양성하고 계발해야 합니다.

bi-lateral 쌍방의 / calibrate 조정하다 / nurture 양성하다

The peace of our world is indivisible.
As long as negative forces are getting the better of positive forces anywhere, we are all at risk.
It may be questioned whether all negative forces could ever be removed.
The simple answer is: "No!"
It is in human nature to contain both the positive and the negative.
However, it is also within human capability to work to reinforce the positive and to minimize or neutralize the negative.

Absolute peace in our world is an unattainable goal. But it is one towards which we must continue to journey, our eyes fixed on it as a traveller in a desert fixes his eyes on the one guiding star that will lead him to salvation.
Even if we do not achieve perfect peace on earth, because perfect peace is not of this earth, common endeavours to gain peace will unite individuals and nations in trust and friendship and help to make our human community safer and kinder.

I used the word 'kinder' after careful deliberation; I might say the careful deliberation of many years.

세계의 평화는 불가분의 관계입니다.

어디에서든 부정적인 세력이 긍정적인 세력을 능가하는 한, 우리는 모두 위험합니다.

부정적인 세력을 모두 제거할 수 있을지 의심이 되기도 합니다.

간단히 대답하자면 할 수 없습니다.

인간의 본성에는 긍정적인 면과 부정적인 면이 모두 들어 있습니다.

그러나 긍정적인 것을 강화하고 부정적인 것을 최소화하거나 상쇄시키기 위해 투쟁하는 것이 인간의 능력이기도 합니다.

이 세계의 완전한 평화란 실현할 수 없는 목표입니다.

하지만 마치 자신을 구제해 줄 하나의 길잡이별에서 시선을 떼지 않는 사막의 여행자처럼, 우리도 이 목표에 시선을 고정한 채 여정을 계속해야 합니다.

완전한 평화란 이 땅의 것이 아니므로 우리가 이 땅에 완전한 평화를 이룩하지 못한다 하더라도, 평화를 얻기 위한 공통의 노력은 신뢰와 우정으로 개인과 국가를 결합시킬 것이며 더 안전하고 더욱 배려하는 인류 공동체를 만드는 데 도움이 될 것입니다.

저는 궁리 끝에 '배려'라는 단어를 사용했습니다. 오랜 세월 궁리한 것이라 말씀드릴 수도 있습니다.

---

get the better of ~을 이기다, 능가하다 / neutralize 무효화[상쇄]시키다 /
unattainable 도달 불가능한 / salvation 구원, 구제 / deliberation 숙고, 신중함

Every kindness I received, small or big, convinced
me that there could never be enough of it in our
world.
To be kind is to respond with sensitivity and human
warmth to the hopes and needs of others.
Even the briefest touch of kindness can lighten a
heavy heart.
Kindness can change the lives of people.

Norway has shown exemplary kindness in
providing a home for the displaced of the earth,
offering sanctuary to those who have been cut loose
from the moorings of security and freedom in their
native lands.

There are refugees in all parts of the world. When I
was at the Maela refugee camp in Thailand recently,
I met dedicated people who were striving daily to
make the lives of the inmates as free from hardship
as possible.
They spoke of their concern over 'donor fatigue,'
which could also translate as 'compassion fatigue.'
'Donor fatigue' expresses itself precisely in the
reduction of funding.

크건 작건 간에 제가 받은 모든 배려를 통해 저는 이 세상에서 배려란 아무리 많아도 부족하다는 것을 확신했습니다.

배려한다는 것은 다른 사람의 희망과 요구에 세심하고 따뜻하게 반응하는 것입니다.

아주 작은 배려 하나로도 무거운 마음을 가볍게 할 수 있습니다.

배려는 사람들의 삶을 변화시킬 수 있습니다.

노르웨이는 지상의 유랑자들을 위해 집을 제공하고 고국의 안보와 자유의 혜택을 받지 못하는 사람들에게 안식처를 마련해 줌으로써 배려의 본보기를 보여주었습니다.

세상 곳곳에는 난민들이 있습니다.

최근, 태국의 멜라 난민 캠프를 방문했을 때, 난민들의 생활에 최대한 어려움이 없도록 하기 위해 매일 분투하며 전념하는 사람들을 만났습니다.

이들은 '지원 피로', 바꿔 말해 '공감 피로'라고도 할 수 있는 것에 대한 우려를 나타냈습니다.

'지원 피로'란 자금 지원의 축소로 명확하게 나타납니다.

exemplary 모범적인 / cut loose 자유로워지다 / mooring 밧줄, 체인 /
native land 고국 / inmate 수감자, 재소자

'Compassion fatigue' expresses itself less obviously in the reduction of concern.
One is the consequence of the other.
Can we afford to indulge in compassion fatigue?

Is the cost of meeting the needs of refugees greater than the cost that would be consequent on turning an indifferent, if not a blind, eye on their suffering? I appeal to donors the world over to fulfill the needs of these people who are in search, often it must seem to them a vain search, of refuge.

At Maela, I had valuable discussions with Thai officials responsible for the administration of Tak province where this and several other camps are situated.
They acquainted me with some of the more serious problems related to refugee camps: violation of forestry laws, illegal drug use, home brewed spirits, the problems of controlling malaria, tuberculosis, dengue fever and cholera.

The concerns of the administration are as legitimate as the concerns of the refugees.

'공감 피로'란 관심의 감소로, 조금 덜 명확하게 나타납니다.
하나는 다른 하나의 결과입니다.
우리가 공감 피로에 빠져도 되는 것일까요?

난민들의 요구에 응해주는 비용은 눈먼 자가 아니라면 이들의 고통에 무관심하게 돌아서는 데 드는 비용보다 더 큰 것입니까?
저는 종종 허사로 끝나는 듯하지만 피난처를 찾고 있는 이 난민들의 요구를 충족시켜 주시기를 전 세계의 기부자들에게 호소합니다.

멜라에서 저는 몇몇 캠프가 위치한 탁 지방의 행정을 담당하는 태국 관리들과 귀중한 대화를 나누었습니다.
이들은 산림법 위반, 불법 마약 사용, 집에서 제조한 증류주, 말라리아 통제 문제, 폐결핵, 뎅기열, 콜레라 등과 같이 난민 캠프에 관한 더욱 심각한 문제들에 대해 제게 알려주었습니다.

당국의 걱정은 난민들에 대한 걱정만큼이나 타당한 것입니다.

indulge in ~에 빠지다 / acquaint with ~을 숙지시키다 / spirit 증류주, 알코올 /
tuberculosis 폐결핵 / dengue fever 뎅기열 / legitimate 타당한

Host countries also deserve consideration and practical help in coping with the difficulties related to their responsibilities.

Ultimately our aim should be to create a world free from the displaced, the homeless and the hopeless, a world of which each and every corner is a true sanctuary where the inhabitants will have the freedom and the capacity to live in peace.

Every thought, every word, and every action that adds to the positive and the wholesome is a contribution to peace.

Each and every one of us is capable of making such a contribution.

Let us join hands to try to create a peaceful world where we can sleep in security and wake in happiness.

The Nobel Committee concluded its statement of 14 October 1991 with the words: "In awarding the Nobel Peace Prize ... to Aung San Suu Kyi, the Norwegian Nobel Committee wishes to honour this woman for her unflagging efforts and to show its support for the many people throughout the world who are striving to attain democracy, human rights and ethnic conciliation by peaceful means."

또한 난민수용국은 이들의 책임과 관련한 어려움에 대처하는 데 있어 배려와 실질적인 도움을 당연히 받아야 합니다.

궁극적으로 저희의 목표는 유랑자와 노숙자, 절망적인 사람들이 없는 세상, 사람들이 자유롭고 평화롭게 살 수 있을 만큼 모든 곳이 진정한 안식처인 세상을 만드는 것이어야 합니다.

긍정적이고 건전한 사람들에게 보탬이 되는 모든 생각과 모든 말들, 모든 행동이 평화를 이끕니다.

우리 한 명 한 명이 평화에 기여할 수 있습니다.

안전하게 잠들고 행복하게 깨어날 수 있는 평화로운 세상을 만들기 위해 손을 잡읍시다.

노벨위원회는 다음과 같은 말로 1991년 10월 14일 성명을 끝마쳤습니다. "아웅산 수지에게 노벨평화상을 수여하면서, 노르웨이 노벨위원회는 그녀의 지칠 줄 모르는 노력을 예우하며, 평화로운 방법을 통해 민주주의와 인권, 민족화합을 얻기 위해 분투하는 세계 곳곳의 많은 사람들에 대한 지지를 나타내기를 바란다."

---

host country 난민수용국 / cope with ~에 대처하다 / unflagging 지칠 줄 모르는

When I joined the democracy movement in Burma it never occurred to me that I might ever be the recipient of any prize or honour.

The prize we were working for was a free, secure and just society where our people might be able to realize their full potential.
The honour lay in our endeavour.
History had given us the opportunity to give of our best for a cause in which we believed.
When the Nobel Committee chose to honour me, the road I had chosen of my own free will became a less lonely path to follow.
For this I thank the Committee, the people of Norway and peoples all over the world whose support has strengthened my faith in the common quest for peace.
Thank you.

(16 June 2012)

제가 버마 민주운동에 가담했을 때만 해도 제가 상이나 영예를 받게 되리라고는 생각조차 하지 못했습니다.

우리가 얻고자 한 상은 우리 국민들이 자신의 모든 잠재력을 실현할 수 있는 자유롭고 안전하며 공정한 사회였습니다.
이 상에는 우리의 노력이 담겨 있습니다.
역사는 우리에게 우리가 믿는 대의를 위해 최선을 다할 기회를 주었습니다.
노벨위원회가 제게 상을 주기로 결정했을 때, 제 자유의지로 선택한 이 길은 덜 외롭게 따라갈 수 있는 길이 되었습니다.
이에 대해 위원회 여러분과 노르웨이 국민들, 그리고 전 세계인들에게 감사드립니다. 여러분의 지원이 평화를 향한 보편적인 추구에 대한 제 신념을 강하게 해 주었습니다.
감사합니다.

2012년 6월 16일

---

of one's own free will 자진하여, 자유의지로 / quest 추구

Margaret Thatcher

Conservative Party Conference

마거릿 대처

영국 보수당 전당대회

마거릿 대처는 영국 총리가 된 지 1년5개월가량 지났을 무렵인 1980년 10월 10일, 보수당 전당대회에서 연설했다. 아직 임기 초기에 불과했지만, 대처가 시작한 복지개혁, 노조개혁, 민영화에 대한 불만의 소리가 여기저기서 터져 나오기 시작한 시점이다. 그러자 '그만 이제 타협하라'는 얘기가 당 내외에서 나왔다. 대처는 이 연설을 통해 그런 요구를 단호하게 거부했고, 이 시점은 수십 년간 쌓인 노조와 복지국가의 폐해로부터 벗어나는 전환점이 되었다.

Speech at Conservative Party Conference in Brighton

Mr. Chairman, ladies and gentlemen, most of my
Cabinet colleagues have started their speeches of
reply by paying very well deserved tributes to their
junior Ministers.
At Number 10 I have no junior Ministers.
There is just Denis and me, and I could not do
without him.
I am, however, very fortunate in having a
marvellous deputy who is wonderful in all places at
all times in all things: Willie Whitelaw.

At our party conference last year I said that the
task in which the Government were engaged - to
change the national attitude of mind - was the most
challenging to face any British Administration since
the war.
Challenge is exhilarating.

영국 보수당 전당대회

의장님과 귀빈 여러분, 저희 내각 동료들은 대부분 차관들에게 경의를 표하는 것으로 답사(答辭)를 시작합니다.
그러나 다우닝가 10번지에는 차관이 없습니다.
그곳에는 남편인 Denis가 제 곁에 있고, 전 그이 없이는 아무 것도 할 수 없었을 것입니다.
하지만 저는 언제 어디서나 모든 일에 뛰어난 Willie Whitelaw라는 훌륭한 부수상을 둔 것도 행운이라 생각합니다.

작년 전당대회에서 저는 정부가 몰두하고 있는 과업, 즉 국가의 정신태도를 변화시키는 것은 2차 세계대전 이후 영국 정부가 직면한 가장 어려운 과제라고 말씀드렸습니다.
이것은 매우 흥겨운 도전 과제입니다.

pay tribute to ~에게 경의를 표하다 / marvellous 기막히게 좋은 /
party conference 전당대회 / exhilarating 아주 신나는, 즐거운

This week we Conservatives have been taking stock, discussing the achievements, the set-backs and the work that lies ahead as we enter our second parliamentary year.
As you said, Mr. Chairman, our debates have been stimulating and our debates have been constructive.

This week has demonstrated that we are a party united in purpose, strategy and resolve. And we actually like one another.

When I am asked for a detailed forecast of what will happen in the coming months or years I remember Sam Goldwyn's advice: "Never prophesy, especially about the future."
(Interruption from the floor)

Never mind, it is wet outside.
I expect that they wanted to come in.
You cannot blame them; it is always better where the Tories are.

이번 주 우리 보수당은 2회 의회회기를 앞두고 성과와 실패, 그리고 우리 앞에 놓인 과업에 대해 살펴보고 논의하는 시간을 가졌습니다.
의장님께서도 말씀하셨듯이, 우리 토론은 고무적이고 건설적이었습니다.

이번 주에 저희가 단일한 목적과 전략, 결의로 단합된 정당임이 입증되었습니다.
그리고 우리가 서로에게 사실 우호적이라는 것도 보여주었습니다.

향후 수개월 또는 수년간의 전망에 대해 질문을 받을 때마다 "절대 예언하지 마라. 특히 미래에 대해서"라고 말했던 Sam Goldwyn의 조언을 떠올립니다.
(청중으로 인해 잠시 연설이 중단되었다.)

신경 쓰지 마세요.
밖에 비가 와서 들어오고 싶나 보군요.
원래 토리당원이 있는 곳이 더 좋은 건 어쩔 수 없지요.

---

take stock (다음에 할 일을 결정하기 위해 잠깐 하던 일을 멈추고) ~을 잘 살펴보다 / setback 패배, 좌절 / parliamentary year 의회회기 / prophesy 예언하다

And you and perhaps they will be looking to me this afternoon for an indication of how the Government see the task before us and why we are tackling it the way we are.

Before I begin let me get one thing out of the way.

This week at Brighton we have heard a good deal about last week at Blackpool.

I will have a little more to say about that strange assembly later, but for the moment I want to say just this.

Because of what happened at that conference, there has been, behind all our deliberations this week, a heightened awareness that now, more than ever, our Conservative Government must succeed.

We just must, because now there is even more at stake than some had realised.

그리고 오늘 오후에 여러분은, 아마 저들도 제가 우리 앞에 놓인 이 과제에 대한 정부의 관점과 그것을 풀어가는 방식에 대한 이유를 설명하길 기대하고 있을 겁니다.
하지만 그 전에 조금 다른 이야기를 한 가지 말씀드리겠습니다.

이번 주, 브라이튼에서 저희는 지난주 블랙풀에서 벌어진 일에 대해 충분히 들었습니다.
그 이상했던 모임에 대해서는 나중에 더 이야기할 기회가 있겠지만, 지금은 이 말씀만 드리겠습니다.

그 모임에서 있었던 일 때문에, 이번 주 모든 논의의 바탕에는 우리 보수당 정부가 그 어느 때보다 바로 지금 성공해야 한다는 고조된 의식이 깔려 있습니다.

우리는 성공해야만 합니다. 일부 사람들이 깨닫고 있는 것보다 지금 훨씬 더 많은 것들이 달려 있기 때문입니다.

deliberation 숙고

There are many things to be done to set this nation on the road to recovery, and I do not mean economic recovery alone, but a new independence of spirit and zest for achievement.

It is sometimes said that because of our past we, as a people, expect too much and set our sights too high.

That is not the way I see it.
Rather it seems to me that throughout my life in politics our ambitions have steadily shrunk.
Our response to disappointment has not been to lengthen our stride but to shorten the distance to be covered.

But with confidence in ourselves and in our future what a nation we could be!

In its first seventeen months this Government have laid the foundations for recovery.
We have undertaken a heavy load of legislation, a load we do not intend to repeat because we do not share the Socialist fantasy that achievement is measured by the number of laws you pass.

이 국가를 회복의 길에 올려놓기 위해 해야 할 일이 많습니다. 경제적인 회복뿐만 아니라, 정신의 자유와 성취에 대한 열정도 회복되어야 합니다.
우리 국민이 과거의 경험 때문에 기대치나 눈높이가 너무 높다는 말을 가끔 듣습니다.

제 생각은 다릅니다.
오히려 제가 정치 생활을 하는 동안 보아온 바에 따르면 우리의 야심이라는 것이 꾸준히 줄어들었던 것 같습니다.
실망할 때마다 보폭을 늘리기는커녕 도달해야 하는 목적지를 좁혀 버렸습니다.

하지만 우리가 우리 자신과 미래에 대한 자신감만 지닌다면 훌륭한 국가가 될 수 있습니다!

현 정부는 부임 후 첫 17개월 동안 회복을 위한 기반을 다졌습니다.
그동안 엄청난 수의 법률을 통과시켰는데, 다시는 그렇게 많은 일을 반복하고 싶지 않습니다. 저희는 통과시키는 법률의 수로 성취를 측정하는 사회주의적 환상을 갖고 있지 않기 때문입니다.

zest 열정 / steadily 꾸준히 / shrink 줄어들다 / stride 걸음

But there was a formidable barricade of obstacles that we had to sweep aside.

For a start, in his first Budget, Geoffrey Howe began to rest incentives to stimulate the abilities and inventive genius of our people.
Prosperity comes not from grand conferences of economists but by countless acts of personal self-confidence and self-reliance.

Under Geoffrey's stewardship, Britain has repaid $3,600 million of international debt, debt which had been run up by our predecessors.
And we paid quite a lot of it before it was due.
In the past twelve months Geoffrey has abolished exchange controls over which British Governments have dithered for decades.

Our great enterprises are now free to seek opportunities overseas.
This will help to secure our living standards long after North Sea oil has run out.

하지만 처리해야만 하는 장애물이 앞길을 가로막고 있었습니다.

먼저, Geoffrey Howe 재무장관은 첫 번째 예산안에 우리 국민의 기량과 창의적인 천재성을 고무시키기 위한 장려금을 배정했습니다.
번영이란 경제학자들의 거창한 회의가 아니라 개개인의 자신감과 자립심이 낳은 무수한 행동에서 비롯되기 때문입니다.

Geoffrey Howe 장관의 관리 하에 영국은 우리 전임자들이 쌓아놓은 국제채무 36억 달러를 상환했습니다.
게다가 상환날짜가 도래하기 전에 꽤 많은 채무를 갚았습니다.
지난 12개월 동안 Geoffrey 장관은 영국 정부가 수십 년 동안 주저해오던 외국환 관리를 폐지했습니다.

이제 영국의 대기업들은 해외에서 자유로이 기회를 찾을 수 있게 되었습니다.
이것은 북해원유가 다 떨어지더라도 영국 국민의 생활수준을 오랫동안 보장해 줄 것입니다.

---

formidable 어마어마한 / sweep aside 쓸어서 옆으로 치우다, 물리치다 / countless 무수한 / self-reliance 자립 / stewardship 관리 / run up (공과금·부채 등이) ~만큼 쌓이도록 두다 / predecessor 전임자 / due (돈을) 지불해야 하는 / abolish 폐지하다 / exchange controls 외국환 관리[제한] / dither 주저하다 / living standards 생활수준 / run out (공급품이) 다 떨어지다

This Government thinks about the future.
We have made the first crucial changes in trade
union law to remove the worst abuses of the closed
shop, to restrict picketing to the place of work of the
parties in dispute, and to encourage secret ballots.

Jim Prior has carried all these measures through
with the support of the vast majority of trade union
members.
Keith Joseph, David Howell, John Nott and Norman
Fowler have begun to break down the monopoly
powers of nationalisation.
Thanks to them, British Aerospace will soon be
open to private investment.

The monopoly of the Post Office and British
Telecommunications is being diminished.
The barriers to private generation of electricity for
sale have been lifted.

For the first time nationalised industries and public
utilities can be investigated by the Monopolies
Commission - a long overdue reform.

현 정부는 미래를 생각합니다.

우리는 노동조합법에 가장 중요한 개정을 시행함으로써 클로즈드 숍 제도의 악용을 없애고 논쟁 중인 사업장에서의 피켓 시위를 제한하며 무기명 투표를 실시하게 되었습니다.

Jim Prior 고용부 장관은 대다수 노동조합원의 지지를 통해 이 모든 조치를 취했습니다.

Keith Joseph 장관, David Howell 장관, John Nott 장관과 Norman Fowler 장관은 국영의 독점력을 무너뜨리기 시작했습니다.

그들 덕분에 영국의 항공우주 산업이 곧 민간투자를 받게 될 것입니다.

체신부와 영국통신의 독점도 약화되고 있습니다.

민간 발전 사업자를 가로막는 장애물이 제거되었습니다.

처음으로 독점위원회가 국영기업과 공익 기업체를 조사할 수 있게 되었습니다. 오래전에 이루었어야 하는 개혁입니다.

---

trade union law 노동조합법 / closed shop 클로즈드숍(노동조합원만을 고용하는 사업장) / picketing 피켓 시위 / secret ballot 무기명[비밀] 투표 / monopoly 독점 / nationalisation 국영 / aerospace 항공우주 산업 / Post Office 체신부 / public utility (수도·가스·전기 등을 공급하는) 공익 기업체 / overdue 벌써 행해졌어야 할

Free competition in road passenger transport promises travellers a better deal.

Michael Heseltine has given to millions of council tenants the right to buy their own homes.

It was Anthony Eden who chose for us the goal of "a property-owning democracy".

But for all the time that I have been in public affairs that has been beyond the reach of so many, who were denied the right to the most basic ownership of all the homes in which they live.

They wanted to buy.
Many could afford to buy.
But they happened to live under the jurisdiction of a Socialist council, which would not sell and did not believe in the independence that comes with ownership.

Now Michael Heseltine has given them the chance to turn a dream into reality.
And all this and a lot more in seventeen months.

대중교통 산업의 자유경쟁으로 승객들이 더욱 싼 가격에 교통을 이용할 수 있게 되었습니다.

Michael Heseltine 환경부 장관은 수백만 명의 공영주택 세입자들에게 제 집 마련의 권리를 부여했습니다.

Anthony Eden 경은 우리를 위해 "재산 소유 민주주의"라는 목표를 세웠습니다.

하지만 제가 정계에 입문한 이래로 항상 이것은 너무 많은 사람들에게 꿈도 꿀 수 없는 것이었습니다. 이들은 자신이 살고 있는 집에 대한 가장 기본적인 소유권마저 거부당했습니다.

그들은 집을 사고 싶었습니다.
살 능력도 있었습니다.
하지만 그들이 살고 있는 관할 사회주의 의회는 주택을 매도하지도, 소유가 주는 독립성을 믿지도 않았습니다.

이제 Michael Heseltine 장관은 그들에게 꿈을 현실로 만들 수 있는 기회를 주었습니다.
그리고 이 모든 일들과 더 많은 일들이 17개월 만에 이루어졌습니다.

council (housing) 공영주택 / tenant 세입자 / jurisdiction 관할 구역

The Left continues to refer with relish to the death of capitalism. Well, if this is the death of capitalism, I must say that it is quite a way to go.

But all this will avail us little unless we achieve our prime economic objective: the defeat of inflation. Inflation destroys nations and societies as surely as invading armies do.
Inflation is the parent of unemployment.
It is the unseen robber of those who have saved.

No policy which puts at risk the defeat of inflation however great its short-term attraction can be right.

Our policy for the defeat of inflation is, in fact, traditional.
It existed long before Sterling M3 embellished the Bank of England Quarterly Bulletin, or "monetarism" became a convenient term of political invective.

좌파는 자본주의가 죽었다고 계속 말하고 있습니다. 그러나 이런 것이 자본주의의 죽음이라면, 단언컨대 아직 갈 길이 꽤 남은 것이지요.

하지만 물가억제라는 가장 주된 경제적 목표를 달성하지 못한다면 이 모든 것이 별 도움이 되지 않을 것입니다.
인플레이션은 국가와 사회를 몰락시킨다는 점에서 분명 침입군과 마찬가지입니다.
인플레이션은 실업을 낳습니다.
저축한 것을 훔쳐가는 보이지 않는 약탈자이기도 합니다.

물가억제를 방해하는 정책은, 단기적으로는 아무리 효과적이라도 옳지 않은 정책입니다.

저희의 물가억제 정책은 사실 전통적인 것입니다.
이 정책은 스틸링 M3가 잉글랜드 은행 분기별 보고서를 장식하거나 "통화주의"가 정치적 욕설로 전락하기 훨씬 전부터 존재했습니다.

relish 즐거움, 기쁨 / capitalism 자본주의 / avail 도움이 되다, 쓸모있다 /
as surely as ~와 마찬가지로 틀림없이 / embellish 장식하다, 꾸미다 / monetarism
통화주의 / invective 욕설

But some people talk as if control of the money supply was a revolutionary policy.
Yet it was an essential condition for the recovery of much of continental Europe.
Those countries knew what was required for economic stability.
Previously, they had lived through rampant inflation; they knew that it led to suitcase money, massive unemployment and the breakdown of society itself.
They determined never to go that way again.

Today, after many years of monetary self-discipline, they have stable, prosperous economies better able than ours to withstand the buffeting of world recession.

So at international conferences to discuss economic affairs, many of my fellow Heads of Government find our policies not strange, unusual or revolutionary, but normal, sound and honest.
And that is what they are.

하지만 일각에서는 통화공급을 규제하는 것이 혁명적인 정책인 것처럼 말합니다.

그러나 통화공급 규제는 많은 유럽 대륙의 경제회복을 위한 필수 조건이었습니다.

이들 국가들은 경제적 안정에 필요한 것을 잘 알고 있었습니다.

한때, 그들은 걷잡을 수 없는 인플레이션 속에서 살았습니다. 그들은 인플레이션이 돈을 휴지조각으로 만들고, 엄청난 실업과 사회의 몰락을 야기한다는 사실을 알았습니다.

그들은 다시는 그 역사를 되풀이하지 않기로 결심했습니다.

오늘날, 그들은 수년간의 금전적 훈련을 통해 세계를 뒤흔드는 불경기를 우리보다 더 잘 견뎌내는 안정적이고 번영하는 경제체제를 갖추게 되었습니다.

그래서 경제문제를 논의하는 국제회의에서 많은 정부 수반들이 우리의 정책을 낯설거나 특이하고 획기적인 것이 아니라 정상적이며 건전하고 정직한 것임을 깨닫습니다.

그리고 이것은 사실입니다.

rampant 걷잡을 수 없는 / self-discipline 자기훈련, 수양 / withstand 견뎌내다 / buffet 뒤흔들다 / recession 불경기, 불황

Their only question is: "Has Britain the courage and resolve to sustain the discipline for long enough to break through to success?"

Yes, Mr. Chairman, we have, and we shall.
This Government are determined to stay with the policy and see it through to its conclusion.
That is what marks this administration as one of the truly radical ministries of post-war Britain.

Inflation is falling and should continue to fall.
Meanwhile, we are not heedless of the hardships and worries that accompany the conquest of inflation.
Foremost among these is unemployment.

Today, our country has more than 2 million unemployed.
Now you can try to soften that figure in a dozen ways.

이들의 유일한 질문은 바로 "영국은 목표를 달성할 때까지 오랫동안 계속 절제할 용기와 의지를 가지고 있습니까?"라는 것입니다.

네, 의장님. 그렇습니다. 그리고 앞으로도 그럴 것입니다.
현 정부는 반드시 이 정책은 유지할 것이며 결론이 날 때까지 지켜볼 것입니다.
이 때문에 현 정부를 전후 영국 역사상 진정 급진적인 정부라 일컫습니다.

인플레이션은 가라앉고 있으며 계속 하락할 것입니다.
한편 우리는 인플레이션 억제에 동반되는 어려움과 우려에도 주의를 기울이고 있습니다.
이중 가장 중요한 것이 실업입니다.

오늘날 영국의 실업 인구는 2백만 명을 넘습니다.
갖가지 이유를 들어 이 수치를 심각하지 않게 여길 수도 있습니다.

---

break through to ~까지 돌진하다 / see (it) through 끝까지 지켜보다 / radical 급진적인 / heedless 세심한 주의를 기울이지 않는 / foremost 가장 중요한

You can point out - and it is quite legitimate to do so - that 2 million today does not mean what it meant in the 1930s; that the percentage of unemployment is much less now than it was then.
You can add that today many more married women go out to work.

You can stress that, because of the high birthrate in the early 1960s, there is an unusually large number of school leavers this year looking for work and that the same will be true for the next two years.
You can emphasise that about a quarter of a million people find new jobs each month and therefore go off the employment register.
And you can recall that there are nearly 25 million people in jobs compared with only about 18 million in the 1930s.

You can point out that the Labour party conveniently overlooks the fact that of the 2 million unemployed for which they blame us, nearly a million and a half were bequeathed by their Government.

오늘날의 2백만이라는 숫자는 1930년대의 2백만과 같지 않으며 현재 실업률은 그 당시보다 훨씬 더 낮은 것이라 지적할 수 있고, 그것은 꽤 타당한 주장입니다.
오늘날 훨씬 더 많은 기혼 여성이 직장에 다닌다고 덧붙일 수도 있습니다.

1960년대 초, 높은 출생률 때문에 올해 일자리를 찾는 졸업자들이 이례적으로 많고 이러한 현상은 향후 2년간 계속될 것이라고도 강조할 수 있습니다.
매달 약 25만 명이 새로운 일자리를 찾아 취업자 명부에 이름을 올린다고 말할 수도 있습니다.
또한 1930년대에 취업자가 약 1,800만 명밖에 되지 않던 것에 비해 현재는 거의 2,500만 명이 일하고 있음을 기억해낼 수도 있습니다.

노동당이 우리 탓으로 돌리는 2백만 명의 실업자 중 사실 거의 150만 명이 그들 정부의 결과물이라는 사실을 편할 대로 간과하고 있다고 지적할 수도 있습니다.

legitimate 타당한 / overlook 간과하다 / bequeath 물려주다

But when all that has been said the fact remains that
the level of unemployment in our country today is a
human tragedy.

Let me make it clear beyond doubt.
I am profoundly concerned about unemployment.
Human dignity and self respect are undermined
when men and women are condemned to idleness.

The waste of a country's most precious assets -
the talent and energy of its people - makes it the
bounden duty of Government to seek a real and
lasting cure.

If I could press a button and genuinely solve the
unemployment problem, do you think that I would
not press that button this instant?

Does anyone imagine that there is the smallest
political gain in letting this unemployment continue,
or that there is some obscure economic religion
which demands this unemployment as part of its
ritual?

하지만 그 어떤 변명을 하더라도 오늘날 우리나라의 실업 수준이 비극적이라는 사실은 여전합니다.

제가 분명하게 말씀드리겠습니다.
저는 실업에 대해 크게 걱정하고 있습니다.
사람이 실업 상태에 처하게 되면 인간의 존엄성과 자존감은 약화됩니다.

국가의 가장 소중한 자산인 국민의 재능과 열정의 낭비로 인해 실질적이고 지속적인 해결책을 모색하는 것이 정부의 본분이 되었습니다.

진정 누르기만 하면 실업을 해결할 수 있는 버튼이 있다면, 제가 그 즉시 그 버튼을 누르지 않을 거라 생각하십니까?

이 실업을 유지하면 정치적 이득이라도 생긴다거나 실업을 의식의 일부로 삼는 잘 알려지지 않은 경제종교라도 있다고 생각하십니까?

---

beyond doubt 의심의 여지없이 / profoundly 깊이, 완전히 / undermine 약화시키다 / condemn (좋지 않은 상황에) 처하게 만들다 / idleness 실업 상태 / bounden duty 본분 / this instant 그 즉시, 그 자리에서 / obscure 잘 알려지지 않은

This Government are pursuing the only policy which gives any hope of bringing our people back to real and lasting employment.
It is no coincidence that those countries, of which I spoke earlier, which have had lower rates of inflation, have also had lower levels of unemployment.

I know that there is another real worry affecting many of our people.

Although they accept that our policies are right, they feel deeply that the burden of carrying them out is falling much more heavily on the private than on the public sector.

They say that the public sector is enjoying advantages but the private sector is taking the knocks and at the same time maintaining those in the public sector with better pay and pensions than they enjoy.

I must tell you that I share this concern and understand the resentment.

현 정부는 국민에게 실질적이고 지속적인 일자리를 가져다준다는 희망을 전달하는 유일한 정책을 추구하고 있습니다.
제가 앞서 말씀드렸던 물가상승률이 낮은 국가들이 실업률도 낮은 것은 결코 우연이 아닙니다.

많은 국민들이 또 어떤 걱정을 하시는지 저도 압니다.

정부의 정책이 옳다고는 생각하나 그 정책을 시행하는 데 있어서 공공부문보다는 민간부문이 훨씬 더 심한 부담을 안고 있다고 깊이 느끼고 있는 것입니다.

이득은 공공부문에서 챙기는데 민간이 타격을 받고 있는 동시에, 공기업 직원이 급여나 연금도 더 많이 받아 간다고 말씀하십니다.

저도 그 우려에 공감하며 그 분노를 이해합니다.

That is why I and my colleagues say that to add to public spending takes away the very money and resources that industry needs to stay in business let alone to expand.

Higher public spending, far from curing unemployment, can be the very vehicle that loses jobs and causes bankruptcies in trade and commerce.

That is why we warned local authorities that since rates are frequently the biggest tax that industry now faces, increases in them can cripple local businesses.

Councils must, therefore, learn to cut costs in the same way that companies have to.

That is why I stress that if those who work in public authorities take for themselves large pay increases they leave less to be spent on equipment and new buildings.

그렇기에 저와 제 동료들은 공공지출을 늘리게 되면 산업 확장은 커녕 산업을 유지하는 데 필요한 재원마저 줄어든다고 말하는 것입니다.

공공지출 확대는 실업문제를 해결하는 것이 아니라 오히려 일자리를 없애고 통상무역의 파산을 야기하는 수단이 될 수 있습니다.

그렇기에 우리는 현재 산업이 부담하는 가장 큰 세금인 지방세가 상승하면 지역 기업에 심각한 손상을 입힐 수 있다고 지역 당국에 경고했습니다.

그러므로 의회는 기업과 같은 방식으로 비용을 절감하는 법을 배워야 합니다.

바로 그렇기에 저는 공기업 직원의 임금이 크게 인상된다면 설비와 새 건물에 지출할 재정이 축소된다는 사실을 강조하는 것입니다.

let alone ~은 커녕, ~은 고사하고 / vehicle 수단 / bankruptcy 파산 / trade and commerce 통상무역 / rates (영국) 지방세 / cripple 심각한 손상을 주다

That in turn deprives the private sector of the orders it needs, especially some of those industries in the hard pressed regions.

Those in the public sector have a duty to those in the private sector not to take out so much in pay that they cause others unemployment.

That is why we point out that every time high - wage settlements in nationalised monopolies lead to higher charges for telephones, electricity, coal and water, they can drive companies out of business and cost other people their jobs.

If spending money like water was the answer to our country's problems, we would have no problems now.
If ever a nation has spent, spent, spent and spent again, ours has.

Today that dream is over.
All of that money has got us nowhere, but it still has to come from somewhere.

이것은 차례로 민간부문과, 특히 어렵고 궁핍한 지역의 일부 산업이 필요로 하는 주문서를 박탈합니다.

사기업 종사자들에 대해 공기업 종사자는 이들의 실업을 야기하는 높은 임금을 받지 말아야 합니다.

그렇기에 우리는 국영 독점기업의 높은 임금 합의로 전화, 전기, 석탄 및 수도 요금이 오를 때마다, 기업이 폐업하고 사람들이 일자리를 잃게 될 수 있다는 사실을 지적하고 있습니다.

돈을 물 쓰듯 쓰는 것이 국가적 문제에 대한 해결책이었다면 우리는 지금 어떤 문제도 없을 것입니다.
돈을 쓰고, 쓰고, 쓰고, 또 쓰는 나라가 바로 우리나라입니다.

이제 그 꿈에서 깰 때가 되었습니다.
그 돈을 다 써서 해결된 문제는 없지만, 돈은 여전히 필요합니다.

pressed (특히 시간·돈이) 충분하지 않은[궁한] / out of business 폐업한 /
get somebody nowhere (일의 진척·성공에) 아무런 도움이 안 되다

Those who urge us to relax the squeeze, to spend yet more money indiscriminately in the belief that it will help the unemployed and the small businessman are not being kind or compassionate or caring.

They are not the friends of the unemployed or the small business. They are asking us to do again the very thing that caused the problems in the first place.
We have made this point repeatedly.

I am accused of lecturing or preaching about this.
I suppose it is a critic's way of saying: "Well, we know it is true, but we have to carp at something."
I do not care about that.
But I do care about the future of free enterprise, the jobs and exports it provides and the independence it brings to our people.

Independence?
Yes, but let us be clear what we mean by that.

허리띠를 풀고 분별없이 더 많은 돈을 소비하면 실업자들과 소기업가들을 도울 수 있다고 믿으며 우리를 재촉하는 사람들은 인정도, 동정심도, 배려심도 없는 사람들입니다.

이들은 실업자나 소기업의 편이 아닙니다.
이들은 애초에 문제를 일으켰던 바로 그 행동을 되풀이하도록 우리에게 요구하고 있습니다.
이 점을 여러 번 말씀드렸습니다.

저는 이 문제에 대해 훈계하고 설교한다는 비난을 받습니다.
그것은 비평가들이 "그 말이 사실인 건 알지만 뭔가 트집을 잡아야겠군"이라고 말하는 것이라 생각합니다.
저는 그런 말에 신경 쓰지 않습니다.
하지만 저는 자유기업의 미래와 그것이 창출하는 일자리와 수출, 그리고 우리 국민에게 가져다 줄 자립에 신경을 씁니다.

자립이요?
네, 하지만 어떤 의미에서의 자립인지 분명히 말씀드리겠습니다.

---

squeeze 압박[축소], 긴축 / indiscriminately 분별없이, 무차별로 /
be accused of ~로 비난받다 / carp 트집잡다

Independence does not mean contracting out of all relationships with others.

A nation can be free but it will not stay free for long if it has no friends and no alliances.

Above all, it will not stay free if it cannot pay its own way in the world.

By the same token, an individual needs to be part of a community and to feel that he is part of it.

There is more to this than the chance to earn a living for himself and his family, essential though that is.

Of course, our vision and our aims go far beyond the complex arguments of economics, but unless we get the economy right we shall deny our people the opportunity to share that vision and to see beyond the narrow horizons of economic necessity.

Without a healthy economy we cannot have a healthy society.

Without a healthy society the economy will not stay healthy for long.

자립이란 다른 이들과의 모든 관계를 좁히는 것을 의미하는 것이 아닙니다.

국가는 자유로울 수 있지만 친구나 동맹이 없으면 그 자유를 오래 지속할 수 없습니다.

무엇보다도, 세상에서 자립하지 못하는 국가는 자유로울 수 없습니다.

마찬가지로 개인은 한 공동체에 속하며 자신이 그 일원임을 느껴야 합니다.

그 속에서 자신과 가족을 먹여 살리는 기회를 얻는다는 필수적인 이유 외에도 소속감을 느끼는 것은 매우 중요합니다.

물론 우리의 비전과 목표는 복잡한 경제 논의에 그치지 않습니다.

하지만 우리가 경제를 바로잡지 않는 한, 우리 국민에게는 이 비전을 공유하고 편협한 경제적 필요를 넘어 더 멀리 볼 기회가 없습니다.

건강한 경제 없이는 건강한 사회를 만들 수 없습니다.

건강한 사회 없이는 경제가 오랫동안 건강하게 유지될 수 없습니다.

pay one's own way 남에게 기대지 않고 살다 / by the same token 마찬가지로 /
get right 바르게 하다

But it is not the State that creates a healthy society.
When the State grows too powerful, people feel that
they count for less and less.
The State drains society, not only of its wealth but
of initiative, of energy, the will to improve and
innovate, as well as to preserve what is best.

Our aim is to let people feel that they count for more
and more.
If we cannot trust the deepest instincts of our people
we should not be in politics at all.
Some aspects of our present society really do offend
those instincts.

Decent people do want to do a proper job at work,
not to be restrained or intimidated from giving
value for money.

They believe that honesty should be respected, not
derided.
They see crime and violence as a threat not just to
society but to their own orderly way of life.

하지만 건강한 사회를 만드는 것은 정부가 아닙니다.
정부가 너무 강해지면 국민은 자신의 가치가 점점 떨어진다고 느낍니다.
정부는 사회의 부만 앗아가는 것이 아니라 사회의 주도권과 에너지, 그리고 향상, 혁신, 최선의 보전에 대한 의지도 앗아갑니다.

우리의 목표는 국민들이 자신을 더욱 소중히 느끼도록 하는 것입니다.
우리가 국민의 가장 깊은 본능을 신뢰할 수 없다면 정치를 하지 말아야 합니다.
현 사회의 어떤 면들은 이러한 본능을 실제로 공격하고 있습니다.

보통 사람이라면 직장에서 제대로 일하려 하지, 통제당하거나 돈에 걸맞는 것을 제공하라는 위협을 받고 싶어 하지 않습니다.

그들은 정직이란 조롱받는 것이 아니라 존경받아야 한다고 믿습니다.
그들은 범죄와 폭행이 사회뿐만 아니라 자신들의 평화로운 생활마저 위협한다고 생각합니다.

count for 가치가 있다, 중요하다 / drain 빼내가다, 소모시키다 / offend 기분 상하게 하다 / decent 제대로 된 / restrain 저지하다 / intimidate 위협하다 / deride 조롱하다

They want to be allowed to bring up their children in these beliefs, without the fear that their efforts will be daily frustrated in the name of progress or free expression.

Indeed, that is what family life is all about.

There is not a generation gap in a happy and united family.

People yearn to be able to rely on some generally accepted standards.

Without them, you have not got a society at all, you have purposeless anarchy.

A healthy society is not created by its institutions, either.

Great schools and universities do not make a great nation any more than great armies do.

Only a great nation can create and involve great institutions of learning, of healing, of scientific advance.

And a great nation is the voluntary creation of its people a people composed of men and women whose pride in themselves is founded on the knowledge of what they can give to a community of which they in turn can be proud.

이러한 신념 아래 아이들을 양육하길 원하고, 진보나 표현의 자유라는 이름하에 자신의 노력이 매일 좌절될 것이라는 두려움 없이 살기를 바랍니다.
사실, 가정생활은 이런 것이어야만 합니다.

행복하고 단합된 가정에는 세대차이가 없습니다.
사람들은 일반적으로 통용되는 기준에 의존할 수 있기를 바랍니다.
그런 기준 없이는 사회가 아닌 목적 없는 아수라장만이 존재합니다.
건강한 사회는 제도가 만드는 것도 아닙니다.
훌륭한 군대가 그렇듯이 훌륭한 학교와 대학이 위대한 국가를 만드는 것은 아닙니다.
다만 위대한 국가는 배우고 치유하고 과학적인 진보를 이루는 위대한 제도를 만들고 수반할 수 있습니다.
위대한 국가는 남성과 여성으로 구성된 국민들이 자발적으로 만드는 것입니다. 국민이 자기 자신에게 갖는 자부심은 자신이 자랑스러워 할 수 있는 공동체에 자신이 무엇을 줄 수 있다는 것에서 비롯된 것입니다.

yearn 갈망하다 / anarchy 무정부 상태. 난장판

If our people feel that they are part of a great nation and they are prepared to will the means to keep it great, a great nation we shall be, and shall remain.

So, what can stop us from achieving this?
What then stands in our way?
The prospect of another winter of discontent?
I suppose it might.
But I prefer to believe that certain lessons have been learnt from experience, that we are coming, slowly, painfully, to an autumn of understanding.
And I hope that it will be followed by a winter of common sense.
If it is not, we shall not be diverted from our course.

To those waiting with bated breath for that favourite media catchphrase, the "U" turn, I have only one thing to say.
"You turn if you want to. The lady's not for turning."
I say that not only to you but to our friends overseas and also to those who are not our friends.

우리 국민이 자신이 위대한 국가의 일부라고 느끼고 국가의 위대함을 지속하는데 필요한 것들을 남길 준비가 되었다면 우리는 위대한 국가가 될 것이고, 계속 위대해질 것입니다.

그렇다면 무엇이 이러한 국가를 이루지 못하도록 우리를 막겠습니까?
무엇이 우리의 앞길에 서겠습니까?
불만의 겨울이 되풀이될 것이라 보십니까?
그럴 수도 있겠지요.
하지만 저는 우리가 경험을 통해 교훈을 얻었고, 느리고 고통스럽지만 이해의 가을로 다가가고 있다고 믿고 싶습니다.
또한 상식의 겨울이 이어지기를 원합니다.
그렇지 않더라도 우리는 길에서 벗어나지 않을 것입니다.

"유턴"이라는 캐치프레이즈를 언급하기를 숨죽이고 기다리는 분들이 계실 겁니다. 여러분이 그렇게 좋아하시는 그 언론 선전 문구에 대해 제가 한 가지만 말씀드리겠습니다.
"원하신다면 돌아가십시오. 이 숙녀는 돌아가지 않겠습니다."
이 말씀을 여러분뿐만 아니라 해외에 있는 친구들, 그리고 친구가 아닌 이들에게도 전합니다.

discontent 불만 / divert 방향을 바꾸게 하다 / with bated breath (기대·불만으로) 숨을 죽이고 / catchphrase 유명 문구, 선전 구호

In foreign affairs we have pursued our national interest robustly while remaining alive to the needs and interests of others.

We have acted where our predecessors dithered and here I pay tribute to Lord Carrington.

When I think of our much-travelled Foreign Secretary I am reminded of the advert, you know the one I mean, about "The peer that reaches those foreign parts that other peers cannot reach."

Long before we came into office, and therefore long before the invasion of Afghanistan I was pointing to the threat from the East.

I was accused of scaremongering.

But events have more than justified my words. Soviet marxism is ideologically, politically and morally bankrupt. But militarily the Soviet Union is a powerful and growing threat.

Yet it was Mr. Kosygin who said "No peace loving country, no person of integrity, should remain indifferent when an aggressor holds human life and world opinion in insolent contempt."

We agree.

외교정책으로 우리는 국익을 강경하게 추진하는 동시에, 타인의 필요와 이해에도 관심을 기울였습니다.

우리는 전임자들이 주저하던 일들을 실천했고, 여기서 저는 Lord Carrington 외무장관에게 경의를 표합니다.

세계 곳곳을 여행한 외무장관님을 생각할 때면 "다른 귀족이 갈 수 없는 국외까지 가는 귀족"이라는 광고 문구가 떠오릅니다.

제가 취임하기 훨씬 전부터, 그러니까 아프가니스탄 침략보다 훨씬 전부터 저는 중동의 위험에 대해 언급해 왔습니다.

그럴 때마다 저는 유언비어를 퍼트린다는 비난을 받았습니다.

하지만 역사가 제 말을 충분히 입증했습니다.

소비에트 마르크스주의는 이념적으로, 정치적으로, 도덕적으로 파산했습니다. 하지만 군사적 측면에서 소비에트연방은 강하며 점차 위협이 되고 있습니다.

그러나 Kosygin은 "평화를 사랑하는 나라라면, 성실한 사람이라면 침략자가 인간의 생명과 세계의 견해를 무례하게 경멸할 때 결코 무관심해서는 안 된다"고 말하였습니다.

우리도 그의 말에 동의합니다.

robustly 강경하게 / pay tribute to ~에게 경의를 표하다 / peer (영국에서) 귀족 / scaremongering 유언비어를 퍼트리기 / more than (명사구·형용사·부사·동사 앞에서) ~이상으로, 충분히 / bankrupt 파산한 / integrity 정직, 성실 / insolent 무례한

The British Government are not indifferent to the occupation of Afghanistan.
We shall not allow it to be forgotten.

Unless and until the Soviet troops are withdrawn, other nations are bound to wonder which of them may be next.
Of course there are those who say that by speaking out we are complicating East-West relations, that we are endangering detente.
But the real danger would lie in keeping silent.
Detente is indivisible and it is a two-way process.

The Soviet Union cannot conduct wars by proxy in South-East Asia and Africa, foment trouble in the Middle East and Caribbean and invade neighbouring countries and still expect to conduct business as usual.
Unless detente is pursued by both sides, it can be pursued by neither, and it is a delusion to suppose otherwise.

영국 정부는 아프가니스탄 점령에 무관심하지 않습니다.
우리는 이 일이 잊혀지도록 내버려두지 않을 것입니다.

소비에트 군이 철수하지 않는 한, 이들이 철수할 때까지 다른 국가들은 누가 다음 차례일지 걱정할 수밖에 없습니다.
물론 우리의 의견을 공개적으로 밝힘으로써 우리가 동서관계를 복잡하게 만들고 긴장완화 정책을 위험에 빠뜨리고 있다고 말하는 이들도 있습니다.
하지만 진짜 위험은 침묵하는 데 있습니다.
긴장완화 정책은 나눌 수 없으며, 양방향으로 이루어져야 합니다.

소비에트연방은 동남아시아와 아프리카에서 대리로 전쟁하고 중동과 카리브해 지역에서 분쟁을 조성하며 주변국들을 침략하면서도 평상시처럼 관계를 지속하리라 기대해서는 안 됩니다.
양방이 함께 노력하지 않는 한 어느 한 쪽도 긴장완화를 실현할 수 없으며, 그렇지 않을 것이라 생각하는 것은 망상입니다.

occupation 점령 / be bound to ~할 의무가 있다. ~하지 않을 수 없다 / detente
긴장완화, 데탕트 / by proxy 대리로 / foment 조성하다 / delusion 망상

That is the message we shall be delivering loud and clear at the meeting of the European Security Conference in Madrid in the weeks immediately ahead.

But we shall also be reminding the other parties in Madrid that the Helsinki Accord was supposed to promote the freer movement of people and ideas. The Soviet Government's response so far has been a campaign of repression worse than any since Stalin's day.

It had been hoped that Helsinki would open gates across Europe.
In fact, the guards today are better armed and the walls are no lower.

But behind those walls the human spirit is unvanquished.
The workers of Poland in their millions have signalled their determination to participate in the shaping of their destiny.
We salute them.

몇 주 후 마드리드에서 열리는 유럽 안보협력회의에서 우리는 이 메시지를 크고 명확하게 전달할 것입니다.

하지만 그 외에도 헬싱키협약은 사람과 생각의 더욱 자유로운 이동을 도모하기 위한 것임을 마드리드에서 다른 참가국들에게 일깨울 것입니다.
지금까지 소비에트연방 정부는 스탈린 시절 이후 최악의 억압 행위로 대응했습니다.

우리는 헬싱키협약이 유럽 전역에 새로운 문을 열어 주리라는 희망이 있었습니다.
하지만 오늘날 경호는 더욱 엄격해졌고 담은 더 높아졌습니다.

그러나 그 담 뒤에서도 인간의 정신은 굴하지 않았습니다.
수백만 명의 폴란드 노동자들은 자신의 운명을 직접 만들어 나갈 결의를 다졌습니다.
그들에게 경의를 표합니다.

Helsinki Accord 헬싱키협정(1975년 헬싱키에서 열린 전유럽 안보 협력 회의(CSCE)에서 조인된 최종 선언 문서) / campaign 군사작전[행동] / repression 억압 /
unvanquished 정복되지 않은 / signal 표하다 / salute 경의를 표하다

Marxists claim that the capitalist system is in crisis.
But the Polish workers have shown that it is the
Communist system that is in crisis.
The Polish people should be left to work out their
own future without external interference.

At every Party Conference, and every November in
Parliament, we used to face difficult decisions over
Rhodesia and over sanctions.
But no longer.

Since we last met the success at Lancaster House,
and thereafter in Salisburya success won in the face
of all the odds has created new respect for Britain.
It has given fresh hope to those grappling with the
terrible problems of Southern Africa.
It has given the Commonwealth new strength and
unity.

Now it is for the new nation, Zimbabwe, to build her
own future with the support of all those who believe
that democracy has a place in Africa, and we wish
her well.

마르크스주의자들은 자본주의 체계가 위기에 빠졌다고 외칩니다. 하지만 폴란드 노동자들은 공산주의 체제야말로 위기에 빠졌다는 것을 보여주었습니다.

폴란드 국민은 외부의 간섭 없이 자신의 미래를 꾸려나가야 합니다.

전당대회 때마다, 그리고 의회가 11월을 맞을 때마다, 우리는 로디지아와 이들의 제재에 대해 힘든 결정을 해야 했습니다.

하지만 더 이상 그럴 필요가 없습니다.

랭커스터 하우스와 솔즈버리에서 잇단 성과를 거둔 후에, 온갖 역경에도 불구하고 얻어낸 이 성공이 영국의 자존심을 세워주었습니다.

이것은 남아프리카의 끔찍한 문제로 고심하는 이들에게 새로운 희망을 주었습니다.

이것은 영연방에 새로운 힘과 통일성을 부여했습니다.

이제 신생국가인 짐바브웨가 아프리카에도 민주주의가 설 곳이 있다고 믿는 모든 이들의 지원을 받아 자신의 미래를 만들어 나가야 합니다. 짐바브웨의 성공을 빕니다.

Rhodesia 로디지아(아프리카 남부의 옛 영국 식민지; 현재는 Zambia, Zimbabwe로 각각 독립국이 됨) / sanctions 제재 / odds 역경, 곤란 / grapple 고심하다

We showed over Rhodesia that the hallmarks of Tory policy are, as they have always been, realism and resolve.

Not for us the disastrous fantasies of unilateral disarmament, of withdrawal from NATO, of abandoning Northern Ireland.

The irresponsibility of the Left on defence increases as the dangers which we face loom larger.

We for our part, under Francis Pym's brilliant leadership, have chosen a defence policy which potential foes will respect.

We are acquiring, with the co-operation of the United States Government, the Trident missile system.

This will ensure the credibility of our strategic deterrent until the end of the century and beyond, and it was very important for the reputation of Britain abroad that we should keep our independent nuclear deterrent as well as for our citizens here.

We have agreed to the stationing of Cruise missiles in this country.

우리는 로디지아를 통해 토리당 정책은 항상 그래왔듯이 현실적이고 결단력 있다는 것을 증명했습니다.

일방적인 군비 축소, 나토 탈퇴, 북아일랜드 주권 포기라는 처참한 공상은 우리와 어울리지 않습니다.

우리에게 닥친 위험이 더욱 크게 다가올수록 국방에 대한 좌파의 무책임은 더욱 커져만 갑니다.

우리는, 우리만은, Francis Pym 국방장관의 눈부신 지휘 아래 잠재적인 적이 두려워할 국방정책을 채택했습니다.

우리는 미국 정부의 협력을 통해 트라이던트 미사일 시스템을 확보할 것입니다.

이 시스템은 세기말과 그 이후까지 영국의 전략적 억지력에 신뢰성을 보장할 것이며, 영국이 독립적인 핵 억지력을 유지한다는 것은 영국 시민들을 위해서뿐만 아니라 영국의 국제적 평판에도 매우 중요합니다.

우리는 영국에 크루즈미사일을 배치하는 것에 합의했습니다.

hallmark (전형적인) 특징 / unilateral 일방적인 / disarmament 군비 축소 / loom 곧 닥칠 것처럼 보이다 / deterrent 억지력 / stationing 배치

The unilateralists object, but the recent willingness of the Soviet Government to open a new round of arms control negotiations shows the wisdom of our firmness.

We intend to maintain and, where possible, to improve our conventional forces so as to pull our weight in the Alliance.
We have no wish to seek a free ride at the expense of our Allies.
We will play our full part.

In Europe we have shown that it is possible to combine a vigorous defence of our own interests with a deep commitment to the idea and to the ideals of the Community.

The last Government were well aware that Britain's budget contribution was grossly unfair.
They failed to do anything about it.
We negotiated a satisfactory arrangement which will give us and our partners time to tackle the underlying issues.

일방적 핵폐기주의자들은 반대하고 있지만, 최근 소비에트연방 정부가 새로운 군축협상을 시작할 의향을 보인 것은 우리의 확고한 의지가 얼마나 현명했는지를 보여줍니다.

우리는 동맹에서 우리의 역할을 다하기 위해 재래식부대를 유지하고, 가능하면 향상시킬 것입니다.
우리는 동맹국을 잃어가면서 무임승차하기를 바라지 않습니다.
우리는 우리의 역할을 충분히 다할 것입니다.

유럽에서 우리는 우리의 이해를 적극적으로 수호하면서도 유럽공동체의 의도와 이상에 깊이 헌신할 수 있다는 것을 보여주었습니다.

지난 정부는 영국의 예산 분담금이 지극히 불공평하다는 것을 잘 알고 있습니다.
그럼에도 그들은 이것에 어떤 조치도 취하지 못했습니다.
우리는 협상을 통해 근본적인 문제를 해결할 시간을 우리와 협력국 모두에게 제공하는 만족스러운 합의에 도달했습니다.

---

unilateralist 일방적인 핵폐기주의자 / arms control negotiation 군축 협상 / conventional forces 재래식부대(핵무기를 갖추지 않음) / pull one's weight 자기의 역할을 다하다 / at the expense of ~을 잃어가며, ~을 희생하면서

We have resolved the difficulties of New Zealand's lamb trade with the Community in a way which protects the interests of the farmers in New Zealand while giving our own farmers and our own housewives an excellent deal, and Peter Walker deserves to be congratulated on his success.

Now he is two-thirds on his way to success in making important progress towards agreement on a common fisheries policy.
That is very important to our people.
There are many, many people whose livelihoods depend on it.

We face many other problems in the Community, but I am confident that they too will yield to the firm yet fair approach which has already proved so much more effective than the previous Government's five years of procrastination.

With each day it becomes clearer that in the wider world we face darkening horizons, and the war between Iran and Iraq is the latest symptom of a deeper malady.

우리는 뉴질랜드 농민의 이해도 보호하면서 영국 농민과 주부들에게도 합리적인 거래를 제공할 수 있도록 공동체와의 뉴질랜드 양고기 무역 문제를 해결했습니다.
Peter Walker 장관은 이 성과에 대해 칭송받아 마땅합니다.

현재 Walker 장관은 공동어업정책 협의에 대한 중요한 진보를 이루기 위한 과정을 거의 마쳤습니다.
그 협의는 우리 국민에게 매우 중요합니다.
아주 많은 사람들이 여기에 생계를 걸고 있습니다.

유럽공동체에는 다른 많은 문제들이 있지만, 저는 그것 역시 이전 정부가 5년간 미루어온 것보다 훨씬 더 효과적인 방식으로 확고하면서도 타당하게 해결될 것이라 확신합니다.

세상이 넓어질수록 우리의 시야는 어두워지고 있으며, 이란과 이라크의 전쟁은 더욱 심각해진 병폐의 징후라는 사실이 매일 더 분명해지고 있습니다.

procrastination 꾸물거림, 지연 / malady 병폐

Europe and North America are centres of stability in an increasingly anxious world.
The Community and the Alliance are the guarantee to other countries that democracy and freedom of choice are still possible.

They stand for order and the rule of law in an age when disorder and lawlessness are ever more widespread.

The British Government intend to stand by both these great institutions, the Community and NATO. We will not betray them.
The restoration of Britain's place in the world and of the West's confidence in its own destiny are two aspects of the same process.

No doubt there will be unexpected twists in the road, but with wisdom and resolution we can reach our goal.
I believe we will show the wisdom and you may be certain that we will show the resolution.

유럽과 북미는 갈수록 불안해지는 세상에서 안정적 중추역할을 합니다.
유럽공동체와 나토는 민주주의와 선택의 자유가 아직 가능하다는 것을 다른 국가들에게 증명해 줍니다.

그 어느 때보다 무질서와 무법이 더욱 만연해진 시대에 이 두 단체는 질서와 법을 옹호하고 있습니다.

영국 정부는 유럽공동체와 나토, 이 두 위대한 기관을 지지합니다. 우리는 그들을 배신하지 않을 것입니다.
세계에서 영국의 자리를 되찾고 자신들의 운명에 대한 서방의 신뢰를 회복하는 것은 같은 과정의 두 가지 측면입니다.

그 길에 아마도 예상치 못한 일들이 펼쳐지겠지만 지혜와 결의만 있다면 우리는 우리의 목표를 이룰 수 있습니다.
저는 우리가 지혜를 보여줄 것이라 믿습니다. 우리가 결의를 보여 주리라 확신하십시오.

twist (이야기·상황의 예상 밖의) 전환[전개]

In his warm hearted and generous speech, Peter Thorneycroft said that, when people are called upon to lead great nations they must look into the hearts and minds of the people whom they seek to govern.

I would add that those who seek to govern must in turn be willing to allow their hearts and minds to lie open to the people.

This afternoon I have tried to set before you some of my most deeply held convictions and beliefs.

This Party, which I am privileged to serve, and this Government, which I am proud to lead, are engaged in the massive task of restoring confidence and stability to our people.
I have always known that that task was vital.

Peter Thorneycroft는 그의 온정이 넘치고 관대한 연설에서, 위대한 국가를 이끌 소명을 받은 사람은 자신이 통치할 국민의 마음과 생각을 들여다보아야 한다고 말했습니다.

저는 이렇게 덧붙이고 싶습니다. "통치하려는 사람은 결국 자신의 마음과 생각을 국민에게 보여주어야 합니다."

오늘 오후, 저는 제가 가진 가장 깊은 확신과 신념을 여러분 앞에 보여드리고자 했습니다.

제가 섬길 수 있어 영광인 이 정당과 큰 자부심을 가지고 이끄는 이 정부는 국민에게 신뢰와 안정을 되찾게 하는 중대한 과업을 맡고 있습니다.
저는 이 과업의 중요성을 항상 알고 있었습니다.

Since last week it has become even more vital than ever.
We close our Conference in the aftermath of that sinister Utopia unveiled at Blackpool.

Let Labour's Orwellian nightmare of the Left be the spur for us to dedicate with a new urgency our every ounce of energy and moral strength to rebuild the fortunes of this free nation.

If we were to fail, that freedom could be imperilled.

So let us resist the blandishments of the faint hearts; let us ignore the howls and threats of the extremists; let us stand together and do our duty, and we shall not fail.

(10 October 1980)

지난주부터 그 과업은 이전보다 훨씬 더 중요해졌습니다. 블랙풀에서 공개된 사악한 유토피아의 여파가 남아 있는 가운데 전당대회를 마치겠습니다.

노동당 좌파의 전체주의적인 악몽을 자극제로 삼아 새롭고 절실한 마음과 우리의 모든 힘, 정신력을 동원해 이 자유국가의 미래를 재건하는 데 전념합시다.

우리가 실패하면 자유도 위태로워집니다.

그러니 겁쟁이들의 감언에 굴하지 마십시오. 극단주의자들의 아우성과 위협을 무시합시다. 다 함께 일어서서 우리의 의무를 다합시다. 그러면 우리는 실패하지 않을 것입니다.

1980년 10월 10일

---

sinister 사악한 / unveil 덮개를 벗기다, 발표하다 / Orwellian 전체주의적인 / spur 자극제 / moral strength 정신력 / imperil 위태롭게 하다 / blandishment 아첨, 감언 / faint heart 겁쟁이 / howl 아우성 / extremist 극단주의자

Sonia Gandhi

All-India Congress Committee

소니아 간디

국민의회당 당대회 연설

인도의 여당, 국민회의당은 총선(하원의원 선거)을 대비한 당대회를 뉴델리에서 개최했다. 국민회의당은 전날 밤, 라울 간디를 총리 후보로 공식 선언하지 않을 것이라고 공표했다. 이것은 당시 43세의 라울이 집권당의 인기 하락에 대한 책임을 뒤집어쓰는 일을 막으려는 정치 작전이라 할 수 있다. 소니아 간디는 이날 모임 연설에서 총선이 "우리의 장구한 세속주의 전통을 보존하려는 전투"가 될 것이라고 강조했다.

Speech at AICC meeting in New Delhi

Prime Minister Dr. Manmohan Singh ji, Vice president Rahulji, Members of the AICC, DCC presidents, Members of the CWC, Colleagues and friends.

We assemble here as the 2014 Lok Sabha elections approach.
We meet today to send a clear signal that the Congress is ready and prepared for the battle ahead.

These elections will see a sharpening contest between conflicting ideologies, between competing interpretations of the past, and between clashing visions of the future.
It will be a battle for India as it was conceived by our Founding Fathers and as we cherish it.
It will be a battle for the preservation of our age-old secular traditions, traditions of diverse communities living harmoniously in one composite national identity.

국민의회당 당대회 연설

수상 Manmohan Singh ji, 부통령 Rahulji, AICC 회원 여러분과 DCC 회장님들, CWC 회원 여러분과 동료, 친구 여러분.

우리는 2014년 로크사바 선거가 다가옴에 따라 여기 모였습니다. 우리는 의회가 앞으로 있을 싸움에 대한 준비를 마쳤음을 분명히 알리기 위해 오늘 만났습니다.

이번 선거는 대립하는 이데올로기와 과거에 대한 모순된 해석들, 미래에 대한 상반된 비전들 간의 첨예한 경쟁을 보여줄 것입니다. 이 선거는 우리 건국 시조들이 마음속에 품어왔으며, 우리가 간직하고 있는 인도를 위한 싸움이 될 것입니다.
이 선거는 예부터 내려오는 세속주의 전통, 즉, 하나의 복합적인 민족정체성 안에 조화롭게 살아가는 다양한 공동체의 전통을 보존하기 위한 싸움이 될 것입니다.

---

assemble 모이다 / competing 모순된, 서로 경합하는 / conceive 마음속으로 품다 / Founding Fathers 건국 시조들 / cherish 소중히 여기다, 간직하다 / age-old 예로부터 전해오는 / secular 세속적인

Whenever we gather at meetings such as this, we pause and reflect, and recall with pride what we stand for and what our legacy is.
And what more appropriate moment for this than the 125th birth anniversary year of Jawaharlal Nehru.

It was he who had said soon after Independence that confronting danger and facing up to adversity is the Congress way.
That message should resonate more loudly now than ever before.

The Congress has faced many difficult times in the past, much tougher than today.
But we have never lost heart, we have repeatedly demonstrated our resilience by remaining committed to our vision, values and the beliefs that have always sustained us.
Our Party is woven into the fabric of this nation from its very conception as a modern nation state.

이와 같은 모임으로 화합할 때마다 우리는 멈춰서 생각하며, 우리가 옹호하는 것과 우리의 유산을 자긍심을 가지고 기억해 냅니다. 또한 이러한 생각을 하기에 Jawaharlal Nehru의 탄생 125주년이 되는 해보다 더 적절한 순간이 있을지 생각해봅니다.

그는 독립이 되자마자 위험과 정면으로 부딪혀 역경에 맞서는 것이 의회가 가야할 길이라고 말했습니다.
이 메시지는 그 어느 때보다 지금 더욱 크게 울려 퍼져야 합니다.

의회는 과거, 지금보다 훨씬 더 힘든 많은 어려운 시기에 부딪혀 왔습니다.
그러나 우리는 결코 낙담하지 않았으며, 항상 우리를 지탱해 주었던 우리의 비전과 가치, 신념에 계속 헌신함으로써 우리의 회복력을 거듭 증명해 보였습니다.
국민회의당은 근대 국민국가로서의 개념으로 이 나라라는 조직에 반영됩니다.

---

legacy 유산 / confront 정면으로 부딪치다 / face up to 용감히 맞서다 / adversity 역경 / resonate 울려 퍼지다 / lose heart 낙담하다 / resilience 회복력 / sustain 지탱하게 하다 / nation state 국민국가

This great country, this India is woven of the
rich individual strands of our regions, languages,
religions, traditions and communities through the
ages.
Yet its vibrant beauty can be seen only as a whole, a
single seamless fabric, much greater than the sum of
all the strands.

Today, I want to address some key threats to this
fabric, the tensions and forces that are stretching it
to breaking point.
I also want to highlight how our Party and our
government have, over the last decade, responded
to these threats through some key policies and
programmes.

Let me start with the first: disparities.

In spite of impressive economic growth for which
we can justifiably take credit, the fact is that
disparities are still painfully widespread.
Growth is essential and must be sustained.

이 위대한 나라 인도는 몇 대에 걸친 지역, 언어, 종교, 전통, 지역 사회 각각의 풍부한 가닥으로 짜여 있습니다.

그러나 이 생동감 넘치는 아름다움은 오직 전체로서, 모든 가락을 합친 것보다 훨씬 더 커진 하나의 매끄러운 조직으로 볼 수 있습니다.

오늘, 저는 이 조직에 위협이 되는 것들, 조직을 한계점까지 잡아당기고 있는 장력과 힘에 대해 말하고 싶습니다.

저는 또한 지난 십 년 동안 국민회의당과 우리 정부가 몇몇 주요 정책 및 프로그램을 통해 이러한 위협에 어떻게 대응해왔는지 강조하고 싶습니다.

그 첫 번째 요소로 격차에 대해 먼저 말씀드리겠습니다.

우리가 공을 인정받아야 마땅한 눈부신 경제성장에도 불구하고, 사실은 여전히 극심한 격차가 만연해 있습니다.

성장은 반드시 필요하며 계속 이어져야 합니다.

---

strand 가닥 / tension 장력 / breaking point 한계점 / disparity 격차 / take credit for ~의 공을 차지하다

But rapid growth alone cannot address the problems arising out of continuing disparities.
Tackling these is not just a matter of social justice but more importantly an existential necessity and a moral imperative.

If the basic needs of large sections of our society are not met in tangible measure, if the growing aspirations of our people are not met in substantial measure, the fabric of our society will be stretched and torn.

That is the ground where despair leads to unrest and breeds extremism as the only hope for change.
This unrest also gives various vested interests the opportunity to pursue their selfish purposes.

하지만 **빠른 성장** 하나만으로는 계속되는 격차로 인한 문제를 해결할 수 없습니다.
이러한 문제에 몰두하는 것은 단지 사회정의의 문제가 아닙니다.
더욱 중요한 것은 이것이 존재의 필요성이자 도덕적 의무라는 것입니다.

우리 사회 대부분의 기본적인 필요가 감지할 수 있을 정도로 충족되지 않는다면, 점점 커져가는 국민들의 열망이 상당 부분 충족되지 않는다면, 우리 사회의 조직은 늘어지고 찢길 것입니다.

이러한 땅에서는 절망이 불안을 야기하고 변화를 위한 유일한 희망으로 극단론이 싹을 틔웁니다.
또한 이러한 불안은 다양한 기득권자들이 자신의 이기적인 목적을 좇을 기회를 제공합니다.

tackle 달라붙다, 착수하다 / imperative 의무 / tangible 감지할 수 있는, 유형의 /
substantial 상당한 / vested interests 기득이권

So it was that we decided on Mahatma Gandhi NREGA, which has provided livelihood security to one in four rural households in the country and has ensured that rural wages have increased manifold.

So it was that we introduced the Forest Rights Act in 2006, which has provided a new future for lakhs of tribal families.

So it was that we financed the building of over four lakh kilometers of all-weather rural roads in different states.

So it was that we ensured that procurement prices for rice and wheat more than doubled over the last ten years, triggering new prosperity for our kisans.

And so it was that very recently, we got the historic Food Security Act passed that will provide highly subsidized food grains to two-third of our population.

And the new Land Acquisition Act that will ensure far higher compensation to our farmers.

그렇기에 우리는 '마하트마 간디 농촌고용보장법'을 만들었으며, 이 법은 인도 농촌의 네 가구 당 한 가구 꼴로 생계를 보장하고 농촌 임금을 크게 증가시켰습니다.

2006년, 우리는 삼림법을 제정했으며, 이 법은 십만 부족집단에게 새로운 미래를 제공했습니다.

우리는 여러 주(州)에 걸쳐 사십만 킬로미터의 전천후 전원 도로를 건설하는 데 자금을 제공했습니다.

또한 지난 십 년 동안 쌀과 밀의 조달 가격이 두 배 이상이 되도록 하여, 소농들의 새로운 번영을 꾀하였습니다.

또한 아주 최근에 우리는 역사에 남을 만한 '식량안전보장법'을 통과시켰습니다. 이 법은 많은 보조금이 지원된 식용곡물을 인구의 2/3에 달하는 국민들에게 제공할 것입니다.

새로운 토지취득법은 농민들에게 훨씬 더 높은 보상을 보증해 줄 것입니다.

NREGA(National Rural Employment Guarantee Act) 농촌고용보장법 / manifold 많은, 여러 가지의 / lakh (인도 영어) 십만 / all-weather 전천후 / kisan 소농 / historic 역사에 남을 남한 / Food Security Act 식량안전보장법 / subsidize 후원하다, 원조하다 / Land Acquisition Act 토지취득법

Let me turn to corruption.

At Burari two years ago, you may recall that I had presented a five-point action plan to combat the widespread menace of corruption at all levels.

Since then, the Lokpal and Lokayukta Act has been passed by Parliament.
All Congress-ruled states are committed to a new, more powerful and independent Lokayukta by the end of February 2014.
I wish the same could be said for other states.

Crucial bills which are powerful instruments in our fight against corruption are pending in Parliament.
We will do our utmost to get them through when Parliament reconvenes next month.
I appeal to all parties to rise above political considerations and pass these Bills.

이제 부패에 관해 이야기하겠습니다.

정도에 상관없이 부패라는 만연한 골칫거리를 척결하기 위해 2년 전, 브라리에서 제가 5단계 행동계획을 제시한 것을 여러분은 기억할 것입니다.

이후, 국회에 의해 '록팔과 로카유크타 법안'이 통과되었습니다.
의회가 통치하는 모든 주는 2014년 2월 말까지 새롭고 더욱 강력하며 독립적인 로카유크타에 따를 것입니다.
저는 다른 주에서도 이러한 일이 감행될 수 있기를 바랍니다.

부패와의 싸움에서 강력한 수단이 될 중대한 법안들이 의회의 결정을 기다리고 있습니다.
다음 달에 의회가 소집되면, 우리는 이 법안이 통과되도록 전력을 다할 것입니다.
저는 모든 정당이 정치적 요소들에 굴하지 말고 이러한 법안을 통과시킬 것을 호소합니다.

instrument 수단 / pend 미해결인 채로 있다, 현안(懸案)인 채로 있다 / do one's utmost 전력을 다하다 / reconvene 소집되다 / rise above 굴하지 않다

The Aadhaar initiative, "Aap ka paisa Aap ke haath", has been launched in many districts.
When fully operational, it will ensure the elimination of the corruption that people experience in their daily lives, especially in the delivery of subsidies, pensions, wages and other government benefits.

We are the Party that is responsible for the historic RTI Act.
We pursued this because we believe that ultimately in transparency lies the solution to the problem.
The RTI Act is the single most important reason why citizens of our country feel empowered to fight corruption.

(17 January 2014)

Aadhaar 계획인 "Aap ka paisa Aap ke haath"가 많은 지역에서 시작되었습니다.
이 계획이 완전히 실행되는 날, 일상생활, 특히 보조금, 연금, 임금, 기타 정부 혜택을 받는 과정에서 사람들이 경험하는 부패는 확실히 사라질 것입니다.

국민회의당은 역사적으로 중요한 정보권리법에 대한 책임이 있는 정당입니다.
우리가 이 법을 추진한 것은 결과적으로 투명성 안에 문제에 대한 해답이 있다고 믿기 때문입니다.
정보권리법은 이 나라 시민들이 부패에 맞서 싸울 권한이 있음을 느끼는 유일하면서도 가장 중요한 이유입니다.

2014년 1월 17일

subsidy (국가·기관이 제공하는) 보조금[장려금] /
RTI Act(Right to Information Act) 정보권리법 / transparency 투명성

Do what you love.
Do what gives you meaning.
Do what makes life purposeful for you.
And make a contribution.

여러분이 좋아하는 일에 매진하십시오.
여러분에게 의미를 부여하는 일에 매진하십시오.
여러분의 삶에 목적을 제시하는 일에 매진하십시오.
그리고 기여하십시오.

Hillary Rodham Clinton
힐러리 로댐 클린턴
- 이화여자대학교 연설 중